四特 教育系列丛书 SITEJIAOYUXILIECONGSH

U0576866

锻炼学生想象力 的智力游戏策划

《"四特"教育系列丛书》编委会 编著

吉林出版集团股份有限公司

全国百佳图书出版单位

图书在版编目（CIP）数据

锻炼学生想象力的智力游戏策划／《"四特"教育系列丛书》编委会编著 . —长春：吉林出版集团股份有限公司，2012.4

（"四特"教育系列丛书／庄文中等主编 . 学校体育竞赛与智力游戏活动策划）

ISBN 978-7-5463-8624-9

I. ①锻… II . ①四… III . ①智力游戏－青年读物②智力游戏－少年读物 IV . ① G898.2

中国版本图书馆 CIP 数据核字（2012）第 041982 号

锻炼学生想象力的智力游戏策划
DUANLIAN XUESHENG XIANGXIANGLI DE ZHILI YOUXI CEHUA

出 版 人	吴 强
责任编辑	朱子玉 杨 帆
开 本	690mm×960mm 1/16
字 数	250 千字
印 张	13
版 次	2012 年 4 月第 1 版
印 次	2023 年 2 月第 3 次印刷

出 版	吉林出版集团股份有限公司
发 行	吉林音像出版社有限责任公司
地 址	长春市南关区福祉大路 5788 号
电 话	0431-81629667
印 刷	三河市燕春印务有限公司

ISBN 978-7-5463-8624-9　　　　　定价：39.80 元

版权所有　侵权必究

前　言

　　学校教育是个人一生中所受教育最重要的组成部分，个人在学校里接受计划性的指导，系统地学习文化知识、社会规范、道德准则和价值观念。学校教育从某种意义上讲，决定着个人社会化的水平和性质，是个体社会化的重要基地。知识经济时代要求社会尊师重教，学校教育越来越受重视，在社会中起到举足轻重的作用。

　　"四特教育系列丛书"以"特定对象、特别对待、特殊方法、特例分析"为宗旨，立足学校教育与管理，理论结合实践，集多位教育界专家、学者以及一线校长、教师的教育成果与经验于一体，围绕困扰学校、领导、教师、学生的教育难题，集思广益，多方借鉴，力求全面彻底解决。

　　本辑为"四特教育系列丛书"之《学校体育竞赛与智力游戏活动策划》。

　　学校体育运动会是学校教育教学工作的一个重要组成部分，是体育活动中的一个重要内容。它不仅可以增强学生的体质，也可以增强学生的意志和毅力，并在思想品质的教育上，发挥着不可替代的作用。举办体育运动会，对推动学校体育活动的开展，检查学校的体育教学工作，提高体育教学质量和进行学校精神文明建设等都具有重要的意义。本书旨在普及体育运动的知识，充分调动广大青少年学生参与体育活动的积极性，包括学校体育运动会各个单项的竞赛与裁判知识等内容，具有很强的系统性、实用性、实践性和指导性。

　　将智力和游戏结合起来，通过游戏活动达到锻炼大脑的目的，是恢复疲劳、增强脑力、重塑脑功能结构的主要方式，是智力培养的重要措施。

　　青少年的大脑正处于发育阶段，具有很强的塑造性，智力游戏活动能够开发和锻炼大脑。如今广大青少年都具有较大的学习压力，智力游戏活动则能够使他们在轻松愉快的情况下完成繁重的学业任务，同时提高智商和情商水平，可以说是真正的素质教育。为了使广大青少年在玩中学习，在乐中提高，我们根据青少年的生理、心理特点，特别编写了这套书。我们采用做游戏、讲故事等方法，让广大青少年思考问题，解决难题，并在玩乐的过程中，循序渐进地提高智商和开发智力，达到学习与娱乐双丰收的效果。

　　本辑共20分册，具体内容如下：

　　1.《团体球类运动竞赛》

　　学校体育运动的目的是激发学生的运动兴趣，提高学生参加体育运动和各种活动的积极性和参与率，让学生在运动中体会到参与的快乐。本书就学校团体球类运动的竞赛与裁判问题进行了系统而深入的阐述，体例科学，内容全面，具有很强的系统性、实用性、实践性和指导性。

　　2.《小型球类运动竞赛》

　　小型球类运动竞赛包括排球、羽毛球和乒乓球等比赛。学校体育运动的目的是激发学生的运动兴趣,提高学生参加体育运动和各种活动的积极性和参与率,让学生在运动中体会到参与的快乐。本书就学校个人球类运动的竞赛与裁判问题进行了系统而深入的阐述,体例科学,内容全面,具有很强的系统性、实用性、实践性和指导性。

3.《跑走跨类田径竞赛》

学校体育运动的目的是激发学生的运动兴趣,提高学生参加体育运动和各种活动的积极性和参与率,让学生在运动中体会到参与的快乐。跑走跨类田径竞赛包括长短跑、跨栏跑和竞走等项目比赛。本书就学校跑走跨类田径运动的竞赛与裁判问题进行了系统而深入的阐述,体例科学,内容全面,具有很强的系统性、实用性、实践性和指导性。

4.《跳跃投掷类田径竞赛》

长期来,在技术较为复杂的非周期性田径项目的教学中,一般都采用以分解为主的教学法。这种教学法,教学手段烦琐,教学过程复杂,容易产生技术的割裂和停顿现象,特别是与现代跳跃和投掷技术的快速和连贯性有着明显的矛盾。因此,它对当前进一步提高教学质量有着十分不利的影响。本书就学校跳跃投掷类田径运动的竞赛与裁判问题进行了系统而深入的阐述,体例科学,内容全面,具有很强的系统性、实用性、实践性和指导性。

5.《体操运动竞赛》

竞技性体操包括竞技体操、艺术体操、健美操、技巧、蹦床五项运动。其中,竞技体操男子项目有自由体操、鞍马、吊环、跳马、双杠、单杠六项,女子项目有跳马、高低杠、平衡木、自由体操四项。本书就学校竞技体操运动的竞赛与裁判问题进行了系统而深入的阐述,体例科学,内容全面,具有很强的系统性、实用性、实践性和指导性。

6.《趣味球类竞赛》

学校体育运动的目的是激发学的运动兴趣,提高学生参加体育运动和各种活动的积极性和参与率,让学生在运动中体会到参与的快乐。本书就学校趣味球类竞赛项目运动的竞赛与裁判问题进行了系统而深入的阐述,体例科学,内容全面,具有很强的系统性、实用性、实践性和指导性。

7.《水上运动竞赛》

水上运动包含五个项目:游泳、帆船、赛艇、皮划艇、水球。本书就学校水上运动的竞赛与裁判问题进行了系统而深入的阐述,体例科学,内容全面,具有很强的系统性、实用性、实践性和指导性。

8.《室内外运动竞赛》

室内运动栏目包括瑜伽、拉丁、肚皮舞、普拉提、健美操、踏板操、舍宾、跆拳道等,户外运动栏目包括攀岩、登山、单车、潜水、游泳以及球类运动等。本书就学校室内外运动的竞赛与裁判问题进行了系统而深入的阐述,体例科学,内容全面,具有很强的系统性、实用性、实践性和指导性。

9.《冰雪运动竞赛》

冰雪运动主要包括冬季运动和轮滑运动训练、竞赛、医疗、科研、教学、健身、运动器材、冰雪旅游等。本书就学校冰雪运动的竞赛与裁判问题进行了系统而深入的阐述，体例科学，内容全面，具有很强的系统性、实用性、实践性和指导性。

10.《趣味运动竞赛》

趣味运动，是民间游戏的全新演绎，是集思广益的智慧创造，它的样式不同，内容各异。趣味运动会将"趣味"融于"团队"中，注重个人奉献与团队协作。随着中国经济文化的迅速发展，人们的精神文化生活越来越丰富，趣味体育也有了更快速的发展，成为一种新的时尚。本书就学校趣味运动的竞赛与裁判问题进行了系统而深入的阐述，体例科学，内容全面，具有很强的系统性、实用性、实践性和指导性。

11.《锻炼学生观察力的智力游戏策划》

发展观察力的游戏有"目测""寻找""发现"等。这些游戏可帮助学生加强观察的目的性、计划性，扩大观察范围，使学生能更多、更清楚地感知事物。本书对锻炼学生观察力的智力游戏项目策划进行了系统而深入的阐述，体例科学，内容全面，具有很强的系统性、实用性、实践性和指导性。

12.《锻炼学生注意力的智力游戏策划》

注意力不集中是儿童普遍存在的问题。他们在听课、做作业、看书等事情上，往往不能集中注意力，也没有耐心。在人们的生活、学习和工作过程中，注意力起着非常重要的作用。有位教育专家说："注意力是学习的窗口，没有它，知识的阳光就照射不进来。"本书对锻炼学生注意力的智力游戏项目策划进行了系统而深入的阐述，体例科学，内容全面，具有很强的系统性、实用性、实践性和指导性。

13.《锻炼学生记忆力的智力游戏策划》

记忆力游戏是一种主要依赖于个人记忆力来完成的单人或团体游戏。这类游戏的形式非常多，能否胜出本质上取决于个人的记忆力强弱，这也是一种心理学游戏。本书对锻炼学生记忆力的智力游戏项目策划进行了系统而深入的阐述，体例科学，内容全面，具有很强的系统性、实用性、实践性和指导性。

14.《锻炼学生思维力的智力游戏策划》

这是一本挑战人类思维的书，在这本书里，你会遇到极其复杂的推理问题，让人迷惑不解的图形难题，需要横向思维的难题，由词语、数字组成的纵横字谜，以及大量的包含图片、词语或数字的难题。现在，你需要的是一支铅笔和一个安静的角落，请尽情享受解题的乐趣吧！

15.《锻炼学生想象力的智力游戏策划》

学校的智力游戏活动主要是锻炼学生认识、理解客观事物并运用知识、经验等解决问题的能力，它是直接为学生提高学习能力而服务的，也是学生学习知识的实践运用，它不仅具有趣味性，更具有娱乐性。本书对锻炼学生想象力的智力游戏项目策划进行了系统而深入的阐述，体例科学，内容全面，具有很强的系统性、实用性、实践性和指导性。

16.《锻炼学生表达力的智力游戏策划》

语言表达能力是现代人才必备的基本素质之一。在现代社会，由于经济的迅猛发展，人们之间的交往日益频繁，语言表达能力的重要性也日益增强，好口才越来越被认为是现代人的必备能力。本书从大量的益智游戏中精选了一些能提高青少年记忆力的思维游戏，为广大读者提供一个检视自身思维结构，全面解码知识、融通知识、锻炼思维的自我训练平台。

17.《锻炼学生学习力的智力游戏策划》

学校的智力游戏活动主要是锻炼学生认识、理解客观事物并运用知识、经验等解决问题的能力，它是直接为学生提高学习能力而服务的，也是学生学习知识的实践运用，它不仅具有趣味性，更具有娱乐性。本书对锻炼学生学习力的智力游戏项目策划进行了系统而深入的阐述，在游戏中培养孩子的学习能力。体例科学，内容全面，具有很强的系统性、实用性、实践性和指导性。

18.《锻炼学生空间力的智力游戏策划》

学校的智力游戏活动主要是锻炼学生认识、理解客观事物并运用知识、经验等解决问题的能力，它是直接为学生提高学习能力而服务的，也是学生学习知识的实践运用，它不仅具有趣味性，更具有娱乐性。本书对锻炼学生空间力的智力游戏项目策划进行了系统而深入的阐述，体例科学，内容全面，具有很强的系统性、实用性、实践性和指导性。

19.《锻炼学生实践力的智力游戏策划》

社会实践即通常意义上的假期实习，对于在校大学生具有加深对本专业的了解、确认适合的职业、为向职场过渡做准备、增强就业竞争优势等多方面意义。本书对社会锻炼学生实践力的智力游戏项目策划进行了系统而深入的阐述，体例科学，内容全面，具有很强的系统性、实用性、实践性和指导性。

20.《锻炼学生创造力的智力游戏策划》

本书对创造能力的培养进行研究，包括创造力的认识误区、创造力生成的基本理论、创造力的提升、管理者应具备的技能等，同时针对学生设计的游戏形式来进行创造力的训练。其实，想要激发学生的创造力，不必在家里放上昂贵的玩具和娱乐设施。一些简单的活动，比如和学生玩游戏，或者一起编故事，所有这些都能让学生进入有创意的世界。本书对锻炼学生创造力的智力游戏项目策划进行了系统而深入的阐述，体例科学，内容全面，具有很强的系统性、实用性、实践性和指导性。

由于时间、经验的关系，本书在编写等方面，必定存在不足和错误之处，衷心希望各界读者、一线教师及教育界人士批评指正。

编者

目　录

第一章

学生想象力的锻炼指导

1. 什么叫想象力

　　想象力是人在已有形象的基础上，在头脑中创造出新形象的能力。比如，当你说起汽车，我马上就想象出各种各样的汽车形象来。因此，想象一般是在掌握一定的知识面的基础上完成的。

　　想象力是在你头脑中创造一个念头或思想画面的能力。在创造性想象中，你运用你的想象力去创造你希望去实现的一件事物的清晰形象，接着，你继续不断地把注意力集中在这个思想或画面上，给予它以肯定性的能量，直到最后它成为客观的现实。

　　拥有非凡的想象力是我们人类比其他物种优秀的根本原因。因为有想象力，我们才能创造发明，发现新的事物定理。如果没有想象力，我们人类将不会有任何发展与进步。爱因斯坦之所以能创立相对论，就是因为他能经常保持旺盛的想象力。牛顿从苹果落地的现象得到启发，发现了万有引力也是因为他有丰富的想象力。

　　根据现代科学推论人类最早的想象力源于火，我们的祖先曾和动物一样过着茹毛饮血的生活。一次闪电产生森林大火，烧死了很多动物，我们的祖先跑了出来，也有部分烧死在森林里面。因为肚子实在太饿，他们只有拿那些烧熟的动物来吃。这一吃他们发现味道很好，而且煮熟的食物能让人体更好地吸收营养。此外，动物体内的寄生虫也因为火的作用而被杀死，从而减少人类疾病的发生。

　　我们的祖先看着跳动的火苗开始思考怎么样把火保持下来，怎么样利用火取暖，怎么利用火去做一切对自己有利的事情。如其他动物都是很怕火的，我们的祖先就利用火战胜了这些动物。这样，人们就渐渐地通过想象力创造了文字、语言、科技，发明了一些新的事物。能力的增加又使他们开始对未知事物感兴趣，于是就开始了探索之路。

所以，我们全人类都应该感谢火。

正是因为有了火，我们人类才能走到今天，是火使我们人类成为地球上的高等智慧生物。海洋里面有没有比我们更聪明、更厉害的生物，暂时还未发现，只能等待着你我去探索发现和研究才能解开这些未解之谜。

2. 想象力的形式

在谈想象力的培养前，我们首先来看想象力的几种形式。

（1）空间想象力

空间想象力主要是指在头脑中要能浮现出真实物体的形状或形象。前面说的建筑师由于要考虑房子的三维形状，发达的空间想象力肯定是必不可少的。类似地，机械工程师同样要考虑各种零配件的形状，以及这些零配件的组合状况，甚至还要考虑一套机械系统运动起来的状况，这些都要在头脑中进行，这当然也是空间想象力。

（2）搜索联想

在头脑中进行搜索联想，考虑采用什么样的材料、选用哪种方式等。比如，爱迪生在发明电灯时，不断在头脑中考虑采用什么材料做灯丝。而一个流落荒岛的人，手边没有刀，但他需要一个切割东西的利器，他在头脑中进行了一番搜索联想，最后将一块石头打碎，然后挑取其中一块比较锐利的薄碎片，这样他就有了切割工具。司马光救人时，在头脑中迅速地联想，然后想到了用一块石头来砸碎缸。一群人到野外游玩时，要喝饮料却发现没有吸管，这时候其中一个人在麦田中折了一根麦管，这样变通的想法也很有想象力。

还有这样一个例子：一个年轻人在工程队中从事道路施工的工作，当工程队挖坑修路时需要一个红灯泡来提醒路人。但是不巧，正在修路时却发现红灯泡没了，只有普通的灯泡。在别人不知该怎么办时，这个年轻人想出了一个主意，他找了一块红布将灯泡裹上，这样就起到了红灯泡的作用。这个年轻人显然很有想象力，他最后发展得很不错，受到了提拔重用，从一个普通的员工变成优秀领导者。

（3）自动组合

在头脑中将采用的各要素进行组合。比如，时装设计师会在头脑中考虑采用什么样的面料，什么样的颜色，什么样的款式，然后将这些面料、颜色、款式等要素不断在头脑中进行组合变化，最后在头脑中形成一套搭配合理，令人赏心悦目的服装。

音乐家在作曲时，会在头脑中反复想象，以将不同的音符组合成一段美妙的旋律。然后又能将若干段旋律组合成一首好听的曲子。在考虑演奏这首曲子时，还要在头脑中反复实验来确定用什么样的乐器来演奏，某一段旋律应该由什么样的乐器组合演奏。这样的组合实验是在头脑中反复进行的，如果没有发达的想象力，是不足以胜任的。

对于舞蹈设计者而言，他们所要考虑的组合是手臂的姿态、腿脚的姿态、躯干及头的姿态之间的组合，这些不同的组合组成了千变万化的舞蹈动作。而如果是集体的舞蹈，舞蹈演员在舞台上形成的不同位置组合又会呈现不同的舞蹈场面。显然，舞蹈的创作是需要舞蹈设计者在头脑中反复编排的。

足球教练员会在头脑中考虑该如何从数十名乃至上百名球员中

挑选出一个*11*人组合方案，来进行比赛，而这*11*人在场上又可以形成不同的位置组合阵容。这种组合方案是有非常多的选择的，如何确定最适合比赛的阵容，需要在头脑中不断模拟、反复进行。

富有想象力的厨师，会将别人意想不到的配料搭配组合在一起，并且在各种配料的先后烹饪顺序上也有独特的创新。而一般的厨师则是仅仅按照既有的菜谱，循规蹈矩地重复着以往的程序。

孙膑的"田忌赛马"也是如此。本方有三种马，对方也有三种马，如果进行较量会有很多种组合次序，但孙膑在头脑中进行一番组合，排出了"优对良，良对劣，劣对优"的组合次序，最后赢得了比赛。

家庭主妇做家务的例子也是如此。她如果考虑好了做家务的时间次序组合，则省时省力；如果没有排好次序组合，效率则会大大降低。

再来看看雄才大略的朱元璋。在平定南方后准备北伐之际，朱元璋与手下讨论如何进行北伐。常遇春说，直接集中兵力去攻打元都。朱元璋却说不可，他认为：元朝百年都城，防御必严，工事必坚，假定大军孤军深入，元军断我粮道，攻城非一日可克，元朝四方援军可至，进退无据，大势去矣。故宜先取山东，撤掉大都屏风；回师下河南，断其羽翼；进据潼关，占其门户。待彻底扫清其外围据点，确保粮道畅通，再进围大都，自然水到渠成，手到擒拿。由上可以看出朱元璋过人的想象力。如何北伐有很多种进攻路线和进攻策略，但朱元璋发达的想象力却使其能够在头脑中将这些进攻路线一一模拟出来，摒弃掉不利于己方的进攻次序，然后审时度势地选择最好的进攻次序，从而保证了北伐的顺利进行。

（4）综合考虑

在做事前，应对可能发生的事情有所预料，并采取相关对策。比如，两个中国象棋棋手下棋，水平高的就要考虑自己走一手棋后，对方该怎么走。如果对方走马怎么办，如果对方走车怎么办，如果对方出杀招该怎么办。如果对于对方的种种走法不深思熟虑的话，那是无法提高自身的棋力的。国际象棋、围棋也是如此。国际象棋冠军卡思帕罗夫能够同每秒运行数万亿次的"深蓝"一较高下；职业围棋选手李昌镐、常昊这样的高手不仅能够在走每步时考虑种种情况，甚至能把这种考虑延伸到百步开外，他们发达的想象力着实令人叹为观止。

一个打入敌方的特工人员，更要考虑种种情况。他要考虑当敌人盘问自己时该怎么回答，当敌人故意考验自己时该怎么办，当与敌人在一起时却遇到不明真相的自己人该怎么办，等等。只有反复在头脑里想象这些情况，特工人员才可能保护好自己并且顺利完成任务。

一个工程师设计电梯时，也要考虑种种情况。比如：当电梯停在 8 楼时，15 楼有人按钮之后，9 楼又有人按钮，这种情况该怎么处理；当上升的电梯正要运行到 9 楼时，7 楼和 13 楼的人同时按钮怎么办；当同一楼层有人连续按动了好几次按钮该怎么办，等等。电梯并非是高科技产品，但我们仍可看到电梯的设计具有相当的复杂性。

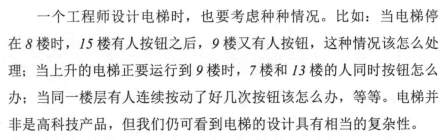

古代一个带兵打仗的将领，当他安营扎寨时，必须考虑各种情况。比如：敌人派奸细混入怎么办；敌人夜袭怎么办；敌人火攻怎么办；敌人骚扰怎么办；等等。这些情况都应在头脑中进行模拟，然后制定出一个较为完善的驻扎方案。如果完全不考虑潜在的危机，一旦有情况发生，则会手忙脚乱，自乱阵脚。

在现代战争中，情况更为复杂，无论攻防都需要考虑更多的因素。朱可夫在指挥气势恢宏的斯大林格勒保卫战时，他要在头脑中反复地演练攻防的场景，反复地考虑敌方会采取什么样的行动，以确定自己的兵力该如何配置，防御该如何展开。而敌方将领也在绞尽脑汁地考虑如何能进攻得手。双方的较量从某种程度上来说，就是各自统帅的想象力的较量。最后，朱可夫更胜一筹，不但成功地挫败了德军的进攻，而且还指挥苏军转入了战略反攻。

（5）头脑演示

小说家、科幻作家、编剧、导演的想象力主要是这一类型的。他们要在头脑中考虑人物的音容笑貌，想象故事的发生发展，这是一种比较标准的"在头脑中模拟事情发生发展"的想象力形式。

我们注意到，许多事情所需要的想象力实际上并不是单一的形式，而是表现出很多形式。比如：足球教练既要在头脑中演练战术组合，也要考虑比赛过程中出现的种种情况；作家不仅要在头脑中展开故事情节，还需要在动手写作时进行词语的排列组合以形成顺畅的语句，以及反复在头脑中模拟整个小说的结构形式。其他如电影导演、总工程师、战役的统帅等都是如此。

以上所谈及的各种想象力的形式并不能涵盖所有的想象力，但不管是何种形式的想象力，它们都有一个共同的特征，那就是在头脑中模拟事物的形象，模拟事情运行，以及在头脑中反复做实验。

3. 想象的规律

（1）想象的功能

第一，预见功能。想象具有预见功能。心理学研究表明，人从事任何活动（包括学习活动）之前，都必须首先在头脑中确立定向目标，即能够想象出活动过程及其结果，一旦活动过程结束，将是头脑中预定观念的实现，于是人的活动就有了主动性、预见性和计划性，这有助于活动的顺利完成。科学家的发明、工程师的设计、作家的人物塑造、艺术家的艺术造型等活动都离不开人的想象，都是想象预见性的体现。学生的学习也是一样，一个想象力贫乏的学生，他考虑问题的思路必然狭窄，也不可能有较强的分析问题和解决问题的能力，其智力发展也是不充分的。

第二，补充功能。想象具有补充功能。在现实生活中，有许多事物是人们不可能直接感知到的，如原始人生活的情景，千百万年前发生的地壳变动和历史变迁，远方的风云变幻，各种宏观世界与微观世界的结构与运动状况，等等，我们要直接感知是很困难的，有的甚至是不可能的。在这种情况下，我们可以借助想象弥补人类认识活动的时空局限和不足，超越个体狭隘的经验范围，扩大人的视野，进而对客观世界产生更充分、更全面、更深刻的认识。

第三，替代功能。想象具有替代功能。在现实生活中，当人们的某种需要不能得到满足时，可以利用想象从心理上得到一定的补偿和满足。例如，一个小男孩想成为飞行员，但由于其能力所限而不能实现，于是他就在游戏中手拿一架玩具飞机在空中挥舞起来，满足了自己当飞行员的愿望。在哑剧的表演中，许多布景和实物都是通过演员形象化的动作来唤起观众的想象而获得良好效果的。在日常生活中，人们也常常从想象中得到某种寄托和满足。为此，生活因梦想而升华，因梦想而完美。

（2）再造想象产生的条件

再造想象的产生应具有以下三个条件。

第一，必须具有丰富的表象储备。表象是想象的基本材料。一个人的知识经验越丰富，表象储备越多，再造想象的内容也就越丰富。再造想象不仅依赖于已有表象的数量，也依赖于已有表象的质量，正确反映客观现实的材料越丰富，再造出来的想象内容就越正确。如果缺乏必要的表象材料，在想象时就有可能歪曲事物形象，或者无法产生所要求的形象。

第二，为再造想象提供的词语及实物标志要准确、鲜明、生动。准确、鲜明、生动、形象的语言及实物标志便于人们理解并正确地再造想象，而含糊不清、模棱两可的东西，人们就很难正确、逼真地进行想象。例如，古代描写女子用"樱桃口""杏核眼""柳叶眉"等作比喻来描述，显得十分形象、逼真，想象起来也比较容易。一个建筑设计师设计的建筑图纸使用的有关符号、标志必须准确清楚，才能在建筑工人头脑中形成相应的建筑物的形象，否则别人看不懂或出现曲解。

第三，正确理解词语与实物标志的意义。再造想象是依赖语言的描述和图样的示意而进行的。一个人读小说，如果读不懂文字，他头脑中就不可能有小说中主人公的形象出现；一个建筑工人，如果不懂建筑符号的表现法，就无法看懂建筑图，头脑中也不会出现相应的建筑物的形象；一个刚入学的孩子，在他识字和掌握词汇不多的情况下，让其阅读古诗文，是很难形成丰富的再造想象的。可见，正确理解有关事物的描述，了解图样、图解的表现法和各种符号的含义是形成再造想象的重要条件。

（3）创造想象产生的条件

第一，创造动机。社会生活是丰富多彩的，人们在社会中不断实践、发展着。社会不断地向人们提出创造新事物、解决新问题的要求。这种要求一旦被人接受，就会在人脑中变成创造性活动的需要和愿望。如果这种创造的需要和愿望与活动结合，并有实现的可能，就会转化为创造性活动的动机，人们就会获得创造想象的动力，也就会进行创造想象。

第二，丰富的表象储备。进行创造想象，首先要对有关事物进行细致观察，储备丰富的表象材料。想象取决于已有表象材料的数量和质量。表象材料越丰富，质量越高，人的想象也就会越广、越深，其形象也会越逼真；表象材料越贫乏，其想象越狭窄、肤浅，有时甚至完全失真。鲁迅曾说过："如要创作，第一须观察，第二是要看别人的作品……必须博采众家，取其所长，这才后来能够独立。"托尔斯泰在《战争与和平》一书中创造的娜塔莎的形象是基于观察和分析他熟悉的两个人的性格和特点塑造成的，这两个人分别是他的妻子和妹妹。

第三，积累必要的知识经验。要进行创造想象，还必须对有关领域进行深入研究，掌握必要的知识。每一个发明创造都是发明者对相应领域深入研究的结果。例如：牛顿在物理学的研究中发现了三大定律；达尔文经过多年的生物学研究，写出了《物种起源》；李时珍对医药学进行了长期研究，写出了著名的医药书《本草纲目》。可见，只有就某一领域深入研究，掌握必要的知识，才能在相应的领域展开想象的翅膀，进行创造想象。

第四，原型启发。所谓原型，就是起启发作用的事物。任何一个人对某一项目的发明创造或革新，都不是凭空想象出来的，在开始时总要受到某种类似的事物或模型的启发。例如：鲁班从丝茅草割破手得到启发，发明了锯子；阿基米德在洗澡时看见水溢出盆外得到启发，发现了阿基米德原理；瓦特受到蒸气冲开壶盖的启发，发明了蒸汽机；现代仿生学则是在生物的某些结构和机能的启发下，进行科学想象，研制出了许多精巧的仪器。原型之所以有启发作用，是因为事物本身的特点与所创造的事物之间有相似之处，存在某些共同点，可以成为创造新事物的起点。某一事物能否起到原型启发的作用，还取决于创造者的心理状态，特别是创造者当时的思维状态。当人的思维积极而又不过于紧张时，往往能激发人的灵感，从而有所发现，有所发明，有所创造。

第五，积极的思维活动。创造想象不是一般的想象，而是一种严格的构思过程，必须在思维的调节支配下进行。积极的思维活动就是在创造想象过程中，把以表象为基础的形象思维与以概念、判断、推理为手段的逻辑思维结合起来。一方面，有理性、意识的支配调节；另一方面，积极捕捉生活中各种有利于主体目标形象产生的表象，并迅速地把它们进行组合配置，完成新形象的创造思维活动。

第六，灵感的作用。在创造想象的过程中，新形象的产生往往带有突然性，这种突然出现新形象的状态，称为灵感。例如，我们有的时候写文章，虽然经过长期构思酝酿，但久久不能落笔，突然某一天灵感来了，思路有了，文章便一气呵成。灵感出现时的特征：注意力高度集中于创造的对象上，意识活动十分清晰、敏锐，思维活跃。"思如泉涌"指众多新事物、新形象、新观念不知不觉涌入脑中，它们相互结合、聚集或强调、突出，很多旧有的记忆被唤起，新形象似乎由天而降，使人茅塞顿开。灵感并不是什么神秘物，它是想象者个人在长期生活实践中勤于积累经验的结果。由于注意力高度集中于要解决的问题，过去积累的大量表象被唤起，并且迅速结合，构成了新的形象。正如大发明家爱迪生所说："天才，就是百分之一的灵感加百分之九十九的汗水。"柴可夫斯基说得好："灵感是这样一位客人，他不喜欢拜访懒惰者。"

此外，创造思维能力、高水平的表象改造能力、丰富的情绪生活、正确的理想和世界观也是创造想象的条件。

4. 想象力的好处

无论在生活中还是在工作中，想象力都有着广泛的应用。我们应该对这种能力进行有意识的培养，那么想象力究竟有那些好处呢？

（1）在很多方面，想象力是必不可少的

在我们的生活中及工作中，很多事情都有现成的答案，我们只需要记住该怎办就可以处理好事情了。比如：我们买回一台新式样的彩电，只要翻阅一下使用手册，记住相关操作，就可以自如地操纵电视机来观看节目了；一个商店售货员，只要记熟各种商品的价格，就可以完成售货工作；汽车装配流水线上的工人只需要记住几项操作，然后非常熟练地完成即可；而一名擅长题海战术的学生，通过大量地做题熟悉了相当多的题目做法，当其在考试中面对很熟悉的题目时，只需将记住的做法写上去就可以了。显然，以上所说的事情，有了记忆力，记住该怎么做就行了。

很多人也总是想方设法地提高自己的记忆力，希望在面对任何问题时都能够用记住的东西照办。记忆力很重要，而且我们确实要记住很多东西来完成生活和工作中的任务。

然而，还有相当多的事情，并不是像上面那样都有现成答案的。若想完成任务，需要具备想象力，要能够在头脑中反复地做实验，然后筹划出方案。比如，上面说的建筑设计师，其必须在头脑中进行反复地想象，考虑外形该怎么设计，该采用什么样的内部结构，什么样的外形与结构搭配才是合理的。只有在头脑中不断地试验磨合，才能形成一个好的方案。如果他仅是照抄别人设计的建筑物，那他也不能被称为建筑设计师了。

同样，一个服装设计师，如果不能在头脑中运用想象力进行各种面料、色彩、款式的组合搭配，不能设计出新款服饰，那他也只能被称为服装裁剪师。音乐家当然也要能在头脑中进行各种音符的组合，旋律的搭配，经过反复实验后，才能创作出曲子来。

一个钟表设计师进行钟表机械设计时，如果他不具备发达的想象力，不能在头脑中进行机械结构的三维立体想象，那他根本不能设计钟表。

一名战役指挥者，也要能根据不同的对手、不同的环境、不同的气候条件来在头脑中进行反复的战术攻防演练，从而设计出一套作战方案。

所以，对于设计、策划、创作及制订计划等这类较为复杂的工作，想象力是必不可少的，仅靠记忆力是根本不能完成任务的。

（2）较为发达的想象力能够使人制定出较为完善的方案

仍以建筑设计师为例，如果他没什么想象力，或想象力不够发达，不能够在头脑中不断地进行反复想象，那么他的设计方案很可能不够完善。比如，仅对建筑的外观进行了一番考虑，却没有对内部结构进行有针对性的设计，当这样草率的方案付诸实施后，在施工到一半时，忽然发现建筑物内部结构强度不够，则必须推倒重建，这样就耽误了工期，影响了进度，并且造成了很大的经济损失。而建筑师很可能也会为此丢掉工作。如果他具有非常发达的想象力，能够在制定方案前，通过不断地在头脑中模拟房屋的建筑，则会最大限度地避免此类情况的发生。

对于一名营销人员来说也是如此。如果其在约见客户之前不在头脑中模拟见面时的场景，也不想象会出现什么情况，什么也没考虑，则面对对方抛出的问题，仓促之间很难给出一个令客户满意的答复，那么这次会面十有八九会失败。

由此可见，如果具有了发达的想象力，则会在做事前通过在头脑中的反复实验，从而选定一个比较完善的方案，这显然会提高做事效率且容易成功。

（3）想象力不需要什么成本

由于想象力是在头脑中做实验，所以运行快，而且不需要什么成本。

比如孙膑的田忌赛马，孙膑想出调换己方上、中、下三等马的出场次序从而赢得了比赛，这个方案非常巧妙。而孙膑并没有真正让实际的马做实验，他仅是在头脑中演练了若干种次序，显然这样节省时间，也不需要什么消耗。而如果真的让各种马匹按照不同的出场次序进行实际的演练，那就需要非常大的排场，而且也需要耗费相当长的时间。

再如我们搬入新居进行家具摆放时，如果我们毫无想象力，一遍一遍地将各个家具摆放到不同位置，然后观看摆放是否合理，显然极为麻烦，又费时又费力。而如果我们在摆放家具前，先在头脑中想象一下家具的摆放位置，当想出较为合理的布局后，再进行实际的搬动，显然就方便多了。

（4）发达的想象力还可以使人反应迅速

最典型的例子是司马光砸缸和曹冲称象。这两个例子中，两个小孩反应都非常迅速，在较短的时间内就想出了很好的解决办法。司马光快速的反应救了小孩一命；而曹冲快速的反应，则使得问题在现场就得到了很好的解决。

许多人反应很快，一方面是由于他们确实能在短时间内进行快速地想象，快速地在头脑中做实验；另一方面则是因为他们早已预见到了问题的发生，而且早已在头脑中想好了对策，所以当问题发生时，只需按照事先想出来的方案照办就是。比如，一名优秀的辩手，其在实战中表现出的机敏，相当程度上来自平时在头脑中进行的反复演练。

5. 影响想象力的因素

想象力作为人的一种思维能力，其与多方面的因素相关联。

热情可以极大地促进想象力的发展，而情绪不高则会使想象力的发展受到抑制。爱迪生一生都在发明创造，正是其充沛的热情使其即使到了老年仍然创意十足，他的许多世界级发明不仅影响了人类历史的进程，而且也给民众的生活带来了极大的便利。

想象力也要与逻辑思维结合起来，如果想出来的方案不符合事实、不符合逻辑，这样的方案就是没用的方案。

另外，想象力是以自身的知识和经验为基础的，如果一个人在某个领域毫无专业知识和经验的话，那么他在这个领域中也谈不上什么想象力。就好像一个象棋高手，虽在棋盘上来去纵横，但如果他毫无军事知识，也无任何作战经验，那么他不可能设计出一个完善的作战方案。前面说的朱元璋，其之所以能够在整个中国的版图上展示其想象力，这与他丰富的战斗经验是分不开的。他曾在决定性的鄱阳湖大战中亲自指挥战斗，在这场决定性的战役中，击败了陈友谅，从而平定了南方，为北伐奠定了稳固的后方基础。如果没有丰富的战斗经验，他是不会制定出既雄心勃勃又缜密踏实的作战方略来的。至于爱因斯坦经常在头脑中做的相对论实验，更是需要高深的物理知识作为基础。

6. 培养想象力的重要性

站在一个功能化的立场来看，我们的智能可能被过于简单地描述为以下方面。

（1）吸收功能——观察和施加注意力的能力。

（2）记忆功能——能够记住和回忆的能力。

（3）推理功能——能够分析和判断的能力。

（4）创造功能——能够形象化、预见和产生想法的能力。

爱因斯坦的声明"想象力比知识更重要"也许会遭受质疑，但几乎显而易见的是，当知识被创造性地应用时，它会更强大有力。

创造性想象的潜在能力几乎是无限的。举例来说，法国"科幻小说之父"儒勒·凡尔纳几乎一直待在他的住所里，不过他发现，自己的想象力能够将他带到海角天涯，去到水下1万公里的地方，甚至到月球遨游。

凡尔纳想象出的潜水艇，如今成了真实的事物。除了一点不同——现在的潜水艇靠原子能供应动力。

长久以来，伟大的思想家都认同，人类头脑的原始能力是想象力。他们赞成莎士比亚的结论，这种上天所赋予的潜能使得人类"从动物中脱颖而出"。

想象是智慧的翅膀，是思维的特殊形式，是创造的前提。想象可以使人"思接千载，视通万里"，就是说想象可以打破时空的界限，使人的心理更为丰富充实。如果没有想象，人们就无法进行创造性的活动，也不可能事先在头脑中构成关于活动本身及其结果的各种表象。人们对未来的预见，一切科学上的新发现、新发明，新的艺术作品的创作，各种科学知识的学习，等等，离开想象力都无从谈起。

想象力在人们认识世界和改造世界的过程中起着十分重要的作用。人们在改造世界的劳动中，正是因为有了许多奇特的想象，再加上"敢想敢干"的大无畏精神，新生事物才会层出不穷，从而推动着人类文明的进步和发展。

人类看到鸟儿在蓝天里飞翔，从此向往蓝天。无论是诗仙李白的千古绝唱"安得生羽毛，千春卧蓬阙"，还是明朝万户飞天的壮举，都体现出人类美丽的飞天梦。

随着美国莱特兄弟的飞机升空，人们由此看到了飞天技术的广阔前程。经过百年来不懈的努力，人类对航空、航天领域的探索取得了辉煌的成就，人类航空航天事业飞速发展，谱写了一曲曲征服宇宙的壮丽颂歌，实现了人类的飞天梦想。

中华人民共和国成立初期，人们对于"电灯电话，楼上楼下，点灯不用油，耕地不用牛……"只能是一种美好的幻想。而目前，我国城乡建设飞速发展，高楼大厦比比皆是，现代化的移动通信联通全球，拖拉机、收割机等大型农业机械代替了昔日落后的生产方式，当年的梦想变成了活生生的现实。

可见，想象力在人的思维中用处极大，特别是在文学领域，许多事物，包括某些人物形象都是想象的结果。例如儿童卡通故事，恐龙、怪兽、超人、奥特曼、外星人……都是作者虚构的超出人类思想的怪异形象。但是，它在孩子的眼里却是力大无比、无所不能、无往不胜的英雄。这在现在看来只是一种美好的想象，也许不远的将来，人类会在这种想象的启发引导下，真的与外星人取得联系。

想象力推动历史进程的实例枚不胜举。大量的事实证明：想象力可以激起人们对美的遐想，可以给人带来美的享受，它是理想的化身，它是未来的蓝图，只要"敢想敢干"，就能心想事成。没有想象，便没有文学艺术，便没有创造发明，便没有科学预见，便没有社会的进步。

想象力如此之重要，它是思维的翅膀，是创造的起点，是创造的核心。它是每个人都应该具备的一种最基本的思维能力。

7. 怎样培养想象力

那么，如何培养想象力呢？想象力极其重要，但幸运的是培养想象力却不需要昂贵的设施及开阔的场地。如果愿意，我们随时随地都可以培养。

下棋时，在落子之前尽可能地在头脑中多考虑几步，尽量多地考虑一些变化，要设想自己是对方的话会怎么下，如果对方这么下了话，自己又该如何对付，如此这般多想几个来回。同样，打乒乓球时，也要在头脑中模拟双方你来我往的场景，反复地在头脑中进行战术演练。发达的想象力可以使自己的棋力或竞技水平大幅提高，胜率自然也会大为增加，这反过来又会鼓励自己更愿意发展想象力，从而形成了良性循环。

和友人出去游玩时，可事先在头脑中制订一个出游计划，安排好出游路线，针对旅游中可能出现的各种问题，做好准备，想出好的对策。

踢足球或打篮球时，要从教练的角度进行考虑，要能在头脑中浮现出比赛的场景，并且在头脑中模拟球员调度、战术演练。

还有，多尝试一下做智力题，比如下面三道智力题。

①烧一根不均匀的绳子，从头烧到尾总共需要 1 个小时，问如何用烧绳子的方法来确定半小时的时间呢？

②小明一家过一座桥，过桥时候是黑夜，所以必须有灯。小明过桥要 1 秒，小明的弟弟要 3 秒，小明的爸爸要 6 秒，小明的妈妈要 8 秒，小明的爷爷要 12 秒。每次此桥最多可过两人，而过桥的速度以过桥最慢者而定，而且灯在点燃后 30 秒就会熄灭。问小明一家如何过桥？

③有 12 个乒乓球特征相同，其中只有一个重量异常，现在要求用一架没有砝码的天平称三次，将那个重量异常的球找出来。

这三道智力题都是典型的考察想象力的问题，都要求在头脑中模拟事情发生，反复地在头脑中做实验，不断试验各种组合。对于前两道题，很多人仅在头脑中就能运行各种组合，且不必借助纸笔就能得出答案。而第三道题，看似简单，实际上有太多的称量组合方式。比如，第一次两边各放多少个，第二次两边各放多少个，第三次又该放多少个，每次该称量哪些球，哪些球称过了还要再称。显然，称量方式的组合数目大得惊人，由于组合数目过大，一般人的头脑运行空间严重不足，需要借助纸笔来拓展运行空间。

当然，在工作中可以有更多想象力施展的机会，设计一个极有创意的产品，策划出一个效果非常好的营销方案。这样既能提高自己的想象力，又能得到薪水的上涨和职位的提升。如果想象力非常发达，当发现公司的内部机构组成不够合理时，还可以在头脑中对整个公司的结构进行机构重组，从而设计出一个更为合理的组织结构。

8. 培养想象力应该注意的问题

我们来看这样一个现象：很多人在某个领域极具想象力，而在其他领域却显得很一般甚至很笨拙。

比较典型的例子是家庭主妇。她们在布置房间时显得极有灵气、极有创意，许多不起眼的东西经过她们的手便能化腐朽为神奇，成为装点房间的饰物，她们的想象力在家庭的方寸空间内显现得淋漓尽致，这使得房间因为她们的想象力而变得温馨十足。还有她们织毛衣时，所采用的针法、毛线及色彩图案搭配，甚至在开始织毛衣前所做的整体规划，其所表现的想象力都达到了很高的程度。然而，大部分家庭主妇对于其他事情则没什么想象力。

我们也听说过许多科学家的例子，他们在自己的研究领域内才气纵横，新鲜大胆有创意的想法层出不穷，而在生活方面则不拘小节。

另外，许多小说家在小说的创作上也非常有想象力，故事情节的引人入胜，语言的新鲜别致，整体结构的别出心裁，这都体现了他们非凡的想象力。然而他们中的很多人面对一道需要想象力的智力题时，却常常会手足无措。

一个机械工程师在机械设计上具有非凡的想象力，但他在语言表达上却可能词不达意，更别提形象生动了。

那么为什么会出现这种现象呢？原因有如下四点。

(1) 兴趣的因素

比如，女人更关注家庭，而男人对于工作则考虑得更多。另外，很多人只对自己擅长的领域感兴趣，对其他领域则兴致不高。而想象力必须要有较强的热情才能得到良好的发展，如果对某件事没什么兴趣，则很显然想象力不会得到什么良好的发展。

（2）逻辑思维的欠缺

前面已经说过逻辑思维会对一个人的想象力进行规范，这会使得他构想的方案更加合理。反之，如果构想出的方案不合情理，在执行中得到失败的结果，这会抑制一个人的创造热情。

（3）学习能力的欠缺

生活中有很多心灵手巧的人，但他们的想象力却不能在更高的层次及更广阔的范围内进行，这是学习能力不强所致。学习能力不强使得他们不能获得精深的专业知识，其所表现出来的也仅是小发明、小创造。

（4）没有意识到在各个领域内想象力其实是相通的

也就是说，不同领域虽然需要不同类型的专业知识，但是对于"在头脑中反复做实验"这样一种思维能力的需要却是共同的。如果没有意识到这一点，人们则不大可能将在自身擅长的领域内所具有的想象力有效地迁移到另外一个领域内。显然，只在某个领域内具有较强的想象力，而在其他领域内想象力贫乏，这会极大地束缚一个人的发展。

从前三点，我们可以意识到想象力与兴趣热情、逻辑思维及学习能力是密切相关的。如果我们想使自身的想象力得到良好的培养，则要保持自己的情绪处于积极的状态，并且非常重视逻辑思维及学习能力的培养。

对于第四点，我们则会意识到，我们应尽量拓宽我们的知识面，这里说的知识面不仅是指专业知识，还包括生活经验方面的知识，人际交往方面的知识，等等。知识面开阔些会使人们的想象力形式更为丰富，也会使人们将某个领域内的发达想象力应用到另一个领域内。这无疑会成为对一个人的发展极为有利的因素。

想象力发达就意味着头脑的运行空间被大大地拓展，这样我们就可以完成复杂艰巨的任务；想象力的发达也意味着头脑的反应速度明显加快，这样我们就会在较为紧急的时刻做出决断。

我们大多数普通人，不具有偶像明星的帅气，没有职业歌手的嗓子，没有超级名模的身材，也没有显赫的家世背景。但是，我们每个人都拥有宇宙中最复杂精巧的器官——大脑。人的大脑有着无限的潜能，如果我们努力培养我们的头脑，使其所具有的想象力不断得到发展，显然我们就可以变得更有智慧，从而在面对复杂艰巨的任务时更加胸有成竹，在面临紧迫的情况时更加从容镇定。能力的提高当然会使我们合理的愿望变得更容易实现，从而使我们的生活变得更美好，那么我们为什么不去培养这种"在头脑中做实验"的能力呢？

9. 运用想象力的技巧

人在运用想象力的过程中需要消耗一定的脑力，也就是说形成一个方案要进行大量的搜索、联想及反复组合等思维活动。脑力消耗过大的话，会令头脑的运行空间发生"内存溢出"的现象，也就是说运行空间不够了，运行不过来了。因此，有必要在运用想象力时采用一些技巧，以使得我们的想象力更有效率。比如说，在进行搜索联想时，可以优先搜索与我们距离很近或很方便采用的东西，这样就大大缩小了搜索范围。比如，司马光即是利用了身边的一块石头解决了问题。

另外，前面说的"组合方式"，如果需要组合的要素太多，最后的组合无疑是个非常庞大的数目。这会使头脑不堪重负，头脑的运行空间不足以运行这些变化。但如果我们注意到许多组合是无效的，那就不需要考虑这些组合，只需要考虑有效的组合就可以了。比如，有这样一道智力题：

将下列拼音字母拼出一个属于首饰的两个字词语：

l a g i n l a x n

显然，这些字母如果进行任意组合，其组合数目是非常庞大的。我们的头脑在短时间内进行这样大量的组合是有一定困难的。但如果我们注意到其中的声母 x 及 l 仅能放在拼音的首部，那我们只要寻找拼音开头为 x 及 l 的拼音组合就可以了，而对于开头不为 x 及 l 的拼音组合我们可以不予考虑。显然以这两个字母开头的拼音组合数目就比总的组合数大大减少了，这样我们就会相对容易地确定出"项链"两个字。

前面所谈的一种想象力形式是"考虑种种情况"，而如果要考虑的情况过多的话，这时应该将这些情况适当地分类，或将其条理化、系统化。比如上面的电梯设计，对于停在 8 楼的电梯，工程师要考虑 9 楼有人按钮，10 楼有人按钮，12 楼有人按钮；他还要考虑 7 楼有人按钮，5 楼有人按钮。这时我们可以将这些情况归类为更高的楼层有人按钮，以及更低的楼层有人按钮。这样就简化了程序。

同样，在下中国象棋时，当考虑对手可能要走哪一步时，显然对方有太多的选择，所以自己需要考虑的情况实在太多。这时可以将所有情况归为几类：考虑对方有没有威胁到己方将（帅）的杀招；考虑对方有没有吃自己棋子的招法；考虑对方有没有改变局势的招法。在实战时，优先考虑第一种情况，然后再考虑第二种及第三种情况，这样就使问题得到了很大的简化，从而使得想象力更有效率。另外，当面临种种情况时，要优先考虑常见的情况，然后再考虑不太常见的情况。

还有，当遇到问题或需要完成实际任务时，如果以往有过类似的成功解决问题的经历，那么要首先考虑一下，将以往的方案适当变通一下，看看是否满足当前的情况。

如果问题特别复杂，头脑的空间已不足以运行，则可以考虑用纸笔做记录，这样就可以减少头脑的负担。

10. 想象力的训练方法

想象力是整个学习能力的核心，想象力提高了，其他学习能力也会跟着提高。反之，想象力下降了，其他能力也会跟着下降。

因此，想象力训练是提升学习能力、深入开发大脑潜能的关键。

想象力训练的方法很多，要达到最好的效果，需要把握三个原则：快速、清晰、敏锐。

快速是指想象的速度要快，要尽可能地快，要挑战自己的速度极限。例如：1分钟内记住100个无规律的数字；20秒之内把圆周率100位快速背诵出来；等等。

清晰是指想象的图像要尽可能清晰。曼陀罗卡的训练，对于这方面会有很大的帮助。额前的屏幕想象也是非常有效的一个方法。当然，这些方法对于青春期以前的学生会更容易一些。另外，艺术家（尤其是画家）往往具有非常清晰的想象能力。

敏锐是指能够调动出丰富的感觉。例如，当你想象一个苹果的时候，可以清晰地看到这个苹果，能够闻到苹果的清香，甚至能体会到酸甜的感觉，能体会到用手摸上去的光滑的感觉，等等。

把想象力的快速、清晰、敏锐这三方面都训练到极致，大脑的潜能就会被激发出来，许多不可思议的能力就会陆续显现。有兴趣的朋友不妨多训练、多体会。

在有限的范围中，要讨论出一个根本地改善想象力的方法，时间实在不够充分。以下介绍几种既简单又能够提高想象力的方法。

①看看天花板的污渍或云朵的形状，然后在脑海中描绘出它的形象。进行几次后，就会出现效果。

②在公共汽车车厢，看见某杂志上的广告，或是看了某本书的题目，便想象其中的内容，然后，与实际的内容做比较，如此一来，就可以充分地把握自己的想象力。

③看书时，采用跳读方式。跳过的地方，运用想象力想象它的内容。

④看过电视转播的运动比赛以后，想象第二天报纸的标题，以及报道内容。

⑤以琐碎的小事和资料为基础，编造出一个故事。

⑥和人见面以前，事先预想会面对的状况，并且设想问题。

⑦对于尚未去过的地方，想象它周围的风景，建筑的样式，以及室内的陈设。

⑧边看推理小说，边推测犯人。

⑨从设计图、地图、照片，想象实际的情况、实际的地方和事物。

⑩重视联想。如果开始联想，要一气呵成，不能中断，要一直想到极限。这种飞跃性的联想是个好办法。

⑪将自己沉浸在另一时空中。读一部好的历史小说或科幻小说，自己往往会在突然的一瞬间，脱离了现代，陷入一种生活在过去或未

来世界的错觉，这时候，过去、未来鲜明的形象会浮现在脑海中。这种感觉，可以称为"时间器的感觉"。自己如果生活在过去或者未来，会是怎么样的情况呢？思索着，思索着，过去或未来的形象便丰富地浮现在脑海中了。从现在到未来，从过去到现在，从未来到现在，如此这般，自由自在地想象不同的时间，让自己的想象在另一时空里尽情展现。这都是时间器的感觉。

从时间器的观点来看，过去和未来是同样的一件事，只不过是目的地不一样而已。将自己沉浸在过去或未来的时间中，体会一下时间器的感觉，会将时间向过去和未来两个方向延长。这样一来，便可以扩大管理者的生存时间，开发管理者的时间，也将使先见之明和对未来的时间感觉更加敏锐。想要使对时间器的感觉更为敏锐，必须发挥丰富的想象力。

提高想象力是非常必要的，不仅科学家、艺术家或文家家需要丰富的想象力，每一个学生都应具备丰富的想象力。学生若是一味地死读史实以及书本的知识，不从这个范围中跨出一步，那么，永远也不会产生时间器的感觉。

让想象力自由发挥，让历史上的事件浮现在脑中，洞察历史上的每一位人物的言行举止，以及他们的心理——这是种必要的感觉。

11. 想象力的实战练习

想象力训练总体上来说分为四大个部分。

第一类：直观心像的转化，将书面语言等信息，在脑海成像；

第二类：新成立图像转化 1，借助时空转换构成新图像或场景；

第三类：新成立图像转化 2，运用角色错位法构成图像或者场景；

第四类：新成立图像转化 3，时空和角色同时扭转构成图像或者场景。

其中，第一类图像转化是生物的本能性能力，在此不做深入探讨。只说其他几种新图像或者想象力的转化方式和方法。

（1）图像再造性想象训练

要求调动已有知识和表象积累，对所提供材料进行想象，从而创造出一种源于材料又不同于材料的意象。

比如，读了《过故人庄》这首诗，有人写道："诗人来到朋友的农庄，只见青的山，绿的树，清清的溪水，金灿灿的菊花，稻场上谷垛堆堆，园子里的蔬菜郁郁葱葱。村民们吆喝着、笑着，担着满筐满筐的谷子；孩子们捕蜻蜓、追蝴蝶，笑着闹着捉迷藏。微风拂过，传来阵阵鸡鸭的鸣叫，送来缕缕浓郁的菊香，混合着泥土的清香，让人心身俱醉。诗人吃着香喷喷的鸡肉，兴致勃勃地谈论着丰收的景象，沉醉在这美好的田园风光和浓浓的朋友情谊之中。"

（2）图像延伸性想象训练

要求根据原信息情节的发展，开展想象，推测故事的走向。

比如：一个银行老板和一个文人打赌，如果文人能连续十五年深居在一间屋子里整天看书，闭门不出，不接待客人，银行老板就愿意输给他一大笔钱。文人同意了，于是日复一日，冬去春来，他天天在屋子里读书，哲学、历史、人物传记、自然科学方面的书他都读……后面发生了什么呢？请合理想象，补写后面的部分。

（3）图像联结性想象训练

此类训练是将已有的信息，通过移花接木或者时空转换的方法，使两者发生联系，联系既可以是空间顺序性的，也可以是时间逻辑性的，既也可以是内在关联性的，也可以是故事逻辑性的，衔接想象注意尽可能波澜起伏，达到新颖奇特的境界。

比如：一名学生正在家里做数学作业，窗外阳光明媚，百花吐艳，雀鸟啼鸣，一派怡人景象。而窗内的他，脸上却一会儿阴云密布，一会儿秋霜遍洒，原来为了一道题，他已坐了一个小时，仍无半点眉目。烦恼之情，焦躁之意，已在他心头生起，他似乎觉得周围的一切都在和他作对，甚至觉得阳光也过于刺眼，觉得闹钟上的那只猫头鹰来来回回地翻着眼睛，也是在有意作弄他，他再也写不下去了，把笔一摔，忿忿地走出房间，跑到阳台上……突然，他像悟到了什么，健步走回屋中，重新坐到桌前平心静气地演算起来。这名学生在阳台上看到了什么呢？请合理想象，补写中间"思想转弯"的部分。

（4）情境转移性想象训练

原有的事物和故事结构，如果放置在不同的情境下，就会产生意想不到的结果。比如，把孙悟空放在马桶上，戏剧效果不需要任何加工就出来了。创设情境时应能触及自己的动情点、兴奋点，使自己很快入情入境，唤醒自己沉淀的记忆，启发想象。

比如：走进办公室，我总觉得气氛有些异常，我看见一些同事窃窃私语，躲躲闪闪的目光，似乎在瞟我。我没有理睬，径直走向座位，可是刚一拉开抽屉，一个色彩鲜艳的塑料皮本便掉在地上——天啊，我的日记本！我的秘密终于藏不住了……这种情景，大家平时有感知，有表象积累，一旦人隋入境，便会插上想象的翅膀。

练习一

在脑海里设想一朵玫瑰花，想象它的芳香。你正在一个开满玫瑰花的美丽山谷，山谷中飘荡着浓郁的玫瑰花香味。花香对你会有什么作用？在这种情况下你会干什么？滴一滴香水来重复这个练习。然后设想满满一湖的香水会产生多么浓烈的香味。再次发挥想象力，想象一片森林里小鸟婉转啼唱，此起彼伏，煞是热闹的情形。

这个练习应该在一间安静的屋子里进行。想象的时候要尽可能地清晰真切，反复想象直到这幅图像在脑海里生动地浮现，就像真实地呈现在眼前一样。

练习二

站在潺潺流水的小溪或瀑布旁边，认真地倾听传到你耳中的声响。各种声音混合在一起有一种整体的声音效果。这种声音听起来像什么？它让你想起了什么？它使你生发什么样的情绪？你对这个声音的整体效果逐渐适应后，试着辨别这个声音是由哪些声音混合而成的，把这个过程认真细致地完成后，即把整个声音拆分成不同的组成部分之后，想象其中的一种声音非常嘹亮而清晰，让这个声音尽可能地响亮；然后继续想象另一种声音，第三种声音，不断地继续下去，直到所有的声音组合都完成。

最后，从这个有声音的地方换到一个安静的地方，回想刚才听到的声音，首先回想整个的组合音响，然后再回想刚才分析过的每一种声音，不断地练习直到能够很随意、很轻松地把这些声音想出来。

练习三

根据记忆回想一个遥远而真实的场景。不容易想起来的是那些细节的地方，但是细节一定要有。只要不断地回忆，你一定能想象出来。一定要使想象中的这个场景就像真的一样，清清楚楚地呈现在你的脑海里。在这个过程中，你需要不时调整自己最初设想的场景，使这一场景栩栩如生地展现在你眼前，让大脑保持敏锐积极的想象，不断练习直到你能够随时随地毫不费力地设想某种真实的场景。

练习四

下面提供几种既简单又能够提高想象力的实例方法。

故事续编：假如地球上只剩下你一个人了，这时你听见了敲门声……

想象力游戏——编故事：几个人围坐一起，第一个人先编一段故事，故事中必须包含事先给出的7个词语。第一个人讲完故事后，再给出7个词（每个参与游戏的人所给出的词语，必须有一个是相同的），第二个人再编段故事，故事中包含第一个人给出的7个词语……如此循环。例如，首次给出的7个词为：CPI、博客、寻找、*2012*年、玩完、芙蓉、花痴。

第一节　视角智商测试

1. 弗雷泽螺旋

　　"弗雷泽螺旋"是世界上最有影响的幻觉图形之一。你所看到的好像是个螺旋，但其实它是一系列完好的同心圆。不信就用笔沿着"螺旋线"转一圈看看，看是不是"终点又回到起点"每一个小圆的"缠绕感"通过大圆传递出去产生了螺旋效应。遮住插图的一半，幻觉将不再起作用。这幅图形如此巧妙，以至于会促使你的手指沿着错误的方向追寻它的轨迹。

2. 你能发现藏在栏杆之间的人形吗

　　看看下面这些栏杆，这不是几根普通的栏杆，仔细看一下，在这几根栏杆中间，你能发现人形吗？

3. 圆的大小一样吗

被围在内部的两个红色的圆，它们的大小一样吗？

答案：两个内部的经色圆大小是完全一样的。这是因为当一个圆被几个较大的同心圆包围时，它看起来要比那个被一些圆点包围的圆小一些。尤其是当二者放在一起的时候，更容易让人产生错觉。

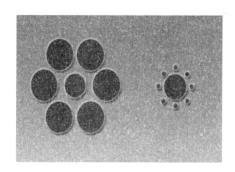

4. 凯尼泽三角

你能看见一个红色三角形吗？它没有边缘和轮廓，在纯色背景下显得尤其突出。

5. 线段 AB、CD 哪个更长

线段 AB 和线段 CD 的长度虽然看起来相差很大，但它们的长度是完全相等的。

6. 女人脸

在本图中，除了一个正在吹小号的男人外，你还能发现一张女人的脸吗？

7. 变老的样子

你想知道这个年轻人变老后是什么样子吗？把图片倒过看一下，你就会明白了。

8. 会亮的灯泡

眼睛盯着这个黑色的灯泡不要眨眼睛，看三十秒或者更久，然后迅速将目光转移到一张空白的白纸或灰纸上，你将看到一个发光的灯泡。

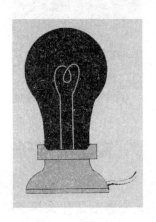

9. 马头的朝向

这幅图片是美国艺术家杰里·唐恩创作的。看一下图中的这匹马，它的头朝向哪个方向？

10. 旋转后的秘密

西班牙的超现实主义者萨尔瓦多·达利在看到一张明信片后受启发产生灵感，创作了这幅模棱两可的画面。你现在看到的是一个人的头像，试着把这幅图旋转90度，你就会发现这幅图的奥秘所在。

11. 谢泼德桌面

在下面这幅图中，你所看到是不是大小、形状完全不一样的两个桌面？如果真的是这样的话，那你就错了，这是两个大小、形状完全一样的桌面。如果你不相信，可以拿尺子量量桌面轮廓，看看是不是。

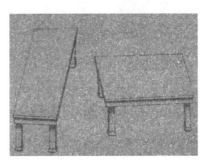

解析：这幅幻觉图是由斯坦福大学的心理学家罗杰·谢泼德创作的，所以又称作"谢泼德桌面"。虽然这幅图是平面的，但它却暗示了一个三维物体。桌子边和桌子腿提供给你的感知提示，影响了你对桌子的形状做出三维的解释，以至于你看到的第一眼就以为它们是完全不同的。这个奇妙的幻觉图形清楚地表明，你的大脑有时候也会被表面现象所迷惑。

12. 柱子是圆的还是方的

古人常说："眼见为实"，然而这种说法放到现在显然过时了。看看下面的这幅图，它里面的柱子是圆的还是方的？从上面看，是方的；从下面看，又是圆的。到底是方还是圆，从不同的角度看，就会有不同的结果，这就是人的感知错觉。

13. 曲线正方形

这幅曲线幻觉的视觉艺术图形是比尔·切斯塞尔创作的。你所看到的这些正方形，是不是都是变形了的图形？如果你是这样以为的，那么，你的眼睛再一次地欺骗了你。其实，它们的每条边都是笔直而彼此平行的。

14. 哪条线的曲线半径最大

看一下图中的三条弧线，哪条曲线的半径最大？

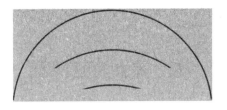

解析：这三个圆弧从表面上看起来弯曲度差别很大，但令人意想不到的是，它们是完全一样的，只是下面两个比上面那个短一些。一般来说，人的视觉神经末梢最开始只是按照短线段解释世界，当线段的相关位置在一个更大的空间范围延伸概括后，弯曲才被感知到。所以，如果给定的是一条曲线的一小部分，你的视觉系统往往不能察觉它是曲线，才会误解它。

15. 疯狂的螺帽

"疯狂的螺帽"这幅图是由美国魔术世界里·安德鲁斯创作的。你知道直钢棒是怎样神奇地穿过这两个看似互成直角的螺帽孔的吗?

解析:这两个螺帽实际是中空的,虽然看起来是凸面的,但是两个螺帽并不互相垂直。螺帽被下方光源照到(一般光线应来自上方),所以给人们判断真实三维形状提供了错误信息。

16. 美女还是帅哥

在这六幅图片中,你看到的是美女还是帅哥?

解析：在这张图中，如果我们从 *1* 图看到 *6* 图，就可以看到帅哥向美女渐变的过程。不过，整幅图都是美女与帅哥的结合体。

17. 狮子在哪里

在这幅图中，有一个人要被"狮子"吃掉了，那头狮子在哪里呢？

解析：将要被"吃"掉的是坐在两棵树中间的那个人。狮子是由两棵树的枝叶、水边护栏和水中小船共同构成的，你发现了吗？

18. 美女还是老太太

你看到的是美女还是老太太？

19. 左边的柱子怎么会靠前

这幅图是佛兰德斯艺术家约瑟·德·梅的作品。在一个冬日，他抓住了这个不可思议的场景。试想一下，左边的柱子怎么会靠前呢？

20. 直线还是斜线

不要怀疑，图中所有横线都是平行的。

21. 走廊幻觉

站在前景的小人和站在后景的人是同样大小吗？

22. 图形与背景

你是把这一幅图看成图形还是看成背景？你看到图里隐藏的图形了吗？在你找到答案之前，仔细找找，因为你一旦看见了隐藏的图形，就再也不能把这一幅图看成杂乱无章的背景了。

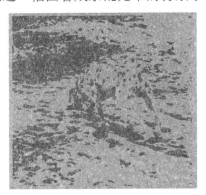

23. 不可能的书架

这样的书架在现实中可不可能存在？

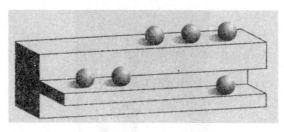

解析：这样的书架在现实生活中是根本不可能存在的，这主要是人的视觉错位造成的。

24. 站立的女子

在这幅图中，那个站立着的女子是拼图中的，还是真实的？

25. 共有几匹马

看看下面这张图片，你能看到多少匹马？据说有人能看到 18 匹马。

26. 冯特区域幻觉

图中 A、B、C、D、E 五个图形是完全一样的，虽然它们看起来不一样，但事实确实如此。这种经典幻觉发生于 100 年以前，至今仍未被完全理解。

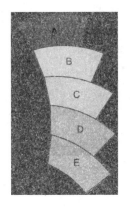

27. 怪异的楼梯

这个怪异的楼梯模型是由英国遗传学家莱昂内尔·彭罗斯设计的。在现实生活中，它是不可能存在的自然模型。

在这个楼梯中，你能分清最低一级和最高一级的台阶分别在哪里吗？

当你沿顺时针走的时候，会发生什么呢？

如果是逆时针，情况又会怎么样呢？

28. 你能找到三个隐藏的侧面人像吗

在这束紫罗兰之中，隐藏着三个人的侧面头像，你发现了吗？

29. 你看到了几个人

这幅画中至少有三个人头，你看到了几个？

30. 花瓶幻觉

你看到的是一个花瓶还是两个人头的侧面像？

解析：这幅图画是视觉游戏里的一个经典之作，是格式塔心理学家爱德加·鲁宾从一张 19 世纪的智力玩具卡片上获取的灵感。事实上，花瓶与人形在这幅图画中都能看到。但是，在任何时候，你可能只会可以看到其中的一个。如果你继续细细观察，图形会自己调换以使你在面孔和花瓶之间只能选择看到一个，非常神奇。

31. 求爱阶段还是结婚之后

当你看一件事物的表面现象的时候，有时候你只看到了其中的一面，如果再换一个角度去观察，你会发现整个世界将物是人非。看看图中这一对情侣，他们是正值求爱阶段还是结婚之后？

第二节　视角智慧比拼

1. 植树节植树

植树节到了，某学校组织全校师生开展春季植树造林活动。植树小组共分为三组，植树情况如下。

组别 类别	杨树（棵）	柳树（棵）	合计
第一组	500	860	
第二组	600	300	
第三组	300	700	

你能根据以上信息，画出相应图表，并把平均每组的植树情况统计出来吗？

2. 如何吊灯

刘经理从商店里买了四盏彩灯来装饰办公室，为了美观起见，要使得它们之间的距离相等。怎样把这四盏彩灯吊在天花板上，请用图把吊灯方式描绘出来。

3. 五位小朋友如何进入每个房间

五位小朋友一起做游戏，老师给他们各自分了一个房间，五个房间是互不相通的，并且每个房间配有两把钥匙。怎样才能保证这五位小朋友随时进入每个房间？

4. 想象图形

你能想象出带"？"的是什么图形吗？

图形组 *1*：

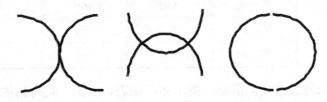

图形组 *2*：

请你根据图形组 *1* 的形态规律，画出图形组 *2* 中带"？"的图形。

5. 排列塑料管

有一个两端开口均匀且透明的塑料管子，里面装有 5 个蓝色球和 6 个橙色球，以 A 表示蓝色球，B 表示橙色球，球的直径与管子的内径相同。现在管子内蓝色球和橙色球的排列是 AAAAABBBBBB，要求在不取出任何一个球的情况下，使得排列变为 BBAAAAABBBB。请根据题意画出图形，并把你的想法表达出来。

6. 图形推理

图 1：

图 2：

请根据图 1 的图形规律把图 2 中缺少的图形画出来。

7. 排座位

班里有 A、B、C、D 四位同学，他们在同一排的座次是 C、D、B、A。C 和 D 是同桌，B 和 A 是同桌，由于 A 与同桌 B 闹了点儿矛盾，老师要他们四个进行座位的调换，C 也不想和 A 做同桌并且 C 要在 B 的左边，问有几种排位方式？

8. 小宁的愿望

一日，小琳要去和同学聚会，可她的妹妹小宁却吵着要去，小琳就灵机一动，从桌上拿出 20 根火柴组成了 5 个小正方形，并告诉小宁只要她能把它变成 9 个正方形就同意她去（但只能移动其中的 3 根火柴）。

请问：小宁该如何移动才能实现自己的愿望？

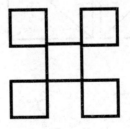

9. 如何过河

甲门前有一条小河，为了出入方便，甲决定去搭桥。已知小河呈直角形（如下图），河宽 *3m*，正好甲家里有两块木板也是 *3m* 长，但却没工具可以把这两块木板接起来。

请问：你能帮甲搭起这座小桥吗？

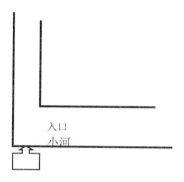

入口
小河

10. 铁丝变换游戏

现在甲手中有 *8* 根铁丝，其中他左手四根铁丝的长度是右手铁丝长度的 *2* 倍。

请问：你如何在不折弯的情况下，用这 *8* 根铁丝组成 *3* 个大小一样的正方形？

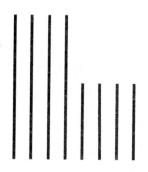

11. 如何连线

在下列*9*个黑色圆点中，你如何用四条直线把这*9*个点连起来（这四条直线必须是连续的）？

12. 如何拉直

在张庄和李庄的中间地带有一条水渠，李庄位于右边，张庄位于左边，现在要想把水渠拉直而不改变张庄、李庄原有的土地面积。

请问：你能画出把水渠拉直的路线图吗？

13. 如何修铁路

三个村庄甲、乙、丙和三个城镇甲、乙、丙坐落在环形山内。由于历史原因，只有同名的村与镇之间才有来往。后来，为了来往便利，他们准备在彼此间修铁路。但要求是在这个环形山内修铁路连通甲村与甲镇，乙村与乙镇，丙村与丙镇，且这些铁路相互不能相交。

请问：你能根据题意画出一条铁路图吗？

14. 如何变成 13 个人

12个人按照下面的位置进行站立,但是如果你有着一定的观察力,拿起你手中的笔,画出一横一竖两条线,然后让其中的两部分进行交换,就会让 12 个人变成 13 个人。一横一竖两条线该怎么画？又该让哪两部分进行交换呢？交换后的图片是什么样子的？

15. 指认罪犯

在一次刑事案件侦破中,警察让四个男性犯罪嫌疑人排成 1 行,然后让一位目击者从这四个人中辨认出一个罪犯。目击者要确认的男人长得不高也不白,不瘦也不英俊,而这些特征中的任何一种都让这位目击者拿不定。

在这一排人之中：四个男人每人身旁都至少站着一个高个子；恰有三个男人每人身旁至少站着一个皮肤白皙的人；恰有一个男人身旁至少站着一个骨瘦如柴的人；一个男人身旁至少站着一个长相英俊

的人。

在四个男人中：第一个皮肤白皙，第二个骨瘦如柴，第三个身高很高，第四个长相英俊。

没有两个男人具有一个共同的特征（即不高、不白、不瘦、不英俊）；只有一个男人具有一个以上的寻找特征（即不高、不白、不瘦、不英俊）。此人便是目击者指认的罪犯。

目击者指认的犯罪嫌疑人是哪一个？请你用作图法进行分析。

16. 裁剪地毯

甲某家有一块地需要铺地毯，这块地是一个三边各不相等的三角形，但他买地毯的时候不小心剪错了，如果把这块地毯翻过来正好可以铺在这块地上，但是地毯本身是有正面和反面的，甲某没有办法，只好把地毯剪开，重新组合成这块地的形状。

请问：怎么裁剪这块地毯，才能使地毯正面朝上，并且裁剪的块数最少呢？

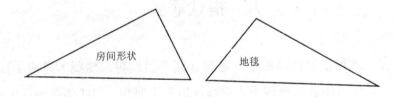

17. 巡视路线图

甲毕业后做了一个客房管理员，每天下班前他都要巡视15个房间，每两个相邻的房间之间都有门相连。甲从入口处进来，需要走遍所有的房间，且每个房间他只能进出一次，最后他只能走到最里边的管理室签退。

请问：你能画出甲所走的路线图吗？

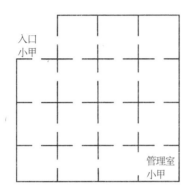

18. 巧拆十字架

你曾试过拆解过一个十字架吗？它可以引出许多有趣的切割问题。

请问：（1）若将十字架图形分成 4 块，你能拼成一个正方形吗？

（2）若将十字架图形分成 3 块，你能拼成一个菱形吗？

（3）若将十字架图形分成 3 块，你能拼成一个长方形，并且长是宽的 2 倍吗？

19. 巧动笑脸

A 手里有十个笑脸图案的玩具，被他组成了一个正三角形。

请问：如何只动三个笑脸，就能把这个三角形给倒过来，作图解答。

20. 棋艺高手

甲某在一个 6×6 的棋盘中，放入了两个黑子（如图所示）。

请问：你是否能在棋盘中放入白子，使得每行、每列、每条斜线上都不会有超过两枚棋子？最多可以放多少枚棋子？

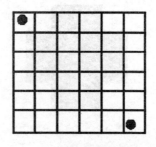

21. 分菜园

有一个地主生前有四个儿子，但儿子间的感情非常不好，当地主死后，四个儿子把家里所有值钱的东西都分完了，还有一个正方形的菜园让他们伤透了脑筋，不知该怎么划分才好。

请问：该如何划分，才能使四个儿子每人得到一棵果树，并且所得菜园的土地大小形状都完全一样。

22. 揪出偷鱼贼

从前，有一个商人，在荷兰的阿姆斯特丹港口，向当地渔民购买了 5 000 吨青鱼。为了防止丢失，他亲自监督过磅，然后又亲眼看着装上船，这才放心地起锚开航。旅途中，他派专人看守盛鱼的船舱，认为这样做就能万无一失了。船经过了几十天的航程，来到了非洲赤道附近的马加的海港停泊，商人准备在那里将鱼脱手卖出去。谁知一过秤，却发现青鱼少了将近 19 吨。短缺的鱼到哪里去了呢？被偷是不可能的，因为轮船沿途并没有靠过岸。当时，大家都无法揭开这个秘密。那么，你能解开这个谜，揪出那个偷鱼的贼吗？

23. 分辨棋子

现在分别有红、白、蓝三色三对棋子。从外表看，所有的棋子都是一模一样的，但事实上，每对棋子都有一粒是较重的（为了方便说明，以"重子"和"轻子"来表示）。

现在，给你一个天平，只许你称两次，分辨出每组的"轻子"和"重子"来，你该怎样称呢？

24. 谁先到车站

小刚和小花，都去找妈妈。谁先到车站？请你来回答。

25. 是否偷了东西

图1是小偷走过之前，图2是小偷走过之后。请你仔细看一看，小偷是否偷了东西？

26. 小偷从哪里来

左上图是手表丢失前的情形，下图是手表被窃后的情形。你能推想出小偷是从什么地方进来的吗？

27. 第三名的冠军

四位小朋友的赛跑成绩如下：阿一是冠军，阿二是亚军，阿三是季军，阿四是殿军。

今天，这四位小朋友举行比赛。然而一向跑得最快的阿一，今天竟然被阿二及阿三追过，你知道是什么原因吗？（注：四位小朋友都是全力以赴，阿一并没有伤患。）

28.4个4等于多少

下面6个算术题都是4个4，请你在数字内添上加减乘除和括号等各种不同的符号，在演算后，得出不同的答案。

4444=5

4444=20

4444=24

4444=28

4444=48

4444=68

4　4　4　4=5

4　4　4　4=20

4　4　4　4=24

4　4　4　4=28

4　4　4　4=48

4　4　4　4=68

29. 谁大谁小

照片上两个女孩谁大谁小呢？只知打蝴蝶结的女孩，再过两年后比她两年前大一倍；梳娃娃头的女孩，再过三年后比她三年前要大两倍。

30. 鸡鸭各多少

小敏家里养了不少鸡和鸭。

一天，王小刚问小敏："你们家有多少只鸡，多少只鸭？"

小敏回答："鸡数乘鸭数，把这个积数在镜子里一照，在镜子里看到的恰巧是我们家养的鸡和鸭的总数。"王小刚怔住了，这可该怎么算呢？

你能帮小刚算出小敏家养的鸡和鸭各有多少只吗？

31. 上楼的时间

唐小清住在大吉大厦的 12 楼。自从她知道走楼梯可使身体健康后，她便弃电梯不用，而日日走楼梯。由一楼走到六楼，小清需用 40 秒，假设她的步速不变，那么由六楼至十二楼亦需 40 秒，但事实并不是如此，你知道是什么原因吗？

32. 哪个流得快

（1）一个孔和两个孔，哪个快？

这里有两罐橘汁，其中一罐开了一个孔，另一罐紧挨着开了两个孔，竖直向下倒。你想想，哪罐橘汁流得快？

（2）斜着倒和竖直向下倒，哪个快？

两个同样的瓶子，里面装了同样多的水，一个瓶子斜着倒，另一个瓶子竖直向下倒。你想想，哪个瓶里的水先流完？

33. 鸡蛋放进杯

杯子上有一张卡片，卡片上有一个鸡蛋，不准用手拿鸡蛋，怎么把鸡蛋放进杯子里？

34. 木马过桥

特洛伊战争,也许大家并不清楚,但"木马屠城记"一定都知道是怎么一回事。

现在,这匹木马要横过一条长5米的木桥。本来过桥是一件易事,不过,这匹长4.9米、重6吨的木马却遇到了麻烦,因为这座桥的负重量是5吨。那么这匹木马要用什么方法才可以安全过桥呢?

35. 谁提的重

她们三个人谁提的东西重呢？

36. 射中靶心

　　下图是一个靶子，右边有 8 支箭。请你想想看，这 8 支箭哪支能射中靶心？

37. 车上的乘客

　　有一辆马车，由 A 站开始，载着五名乘客出发。到 B 站时，有三名乘客下车，两人上车。在 C 站只有一名乘客上车。在 D 站则有三人下车，四人上车。当马车驶离 D 市不久，便遇到印第安人的袭击，结果有两名乘客遇难。当到达 E 站后，车长把死者的遗体和两名伤者留下。随后，便在没有乘客上车的情况下到达终站。那么，在到达终站时，车上共有多少名乘客呢？

38. 大鸡蛋进小瓶

　　公鸡想把一个去了壳的熟鸡蛋放入一个空牛奶瓶内，但由于蛋的直径比牛奶瓶大，无法装入。如果用手去挤压的话，蛋当然会进入瓶中，但恐怕会被压破。如何使蛋完整地落入瓶中呢？

39. 梯子有几级

有一座3层的楼房着火了，一个救火员搭了梯子爬到3层楼上去抢救东西。当他爬到梯子正中一级时，2楼的窗口喷出火来，他就往下退了3级。等到火过去，他又爬上7级，这时屋顶上有一块砖掉下来，他又往后退了2级，幸亏砖没有打着他，他又爬上6级。这时他距离最高一层还有3级。你想想看，这梯子一共有几级？

40. 如何过关卡

相传有一个恶霸在山间唯一的一条交通要道上设了5个关卡,并巧立名目对过路行人进行敲诈勒索。其中,有这么一条规定:凡赶带家畜者,每道关卡先扣其家畜的半数(如果所赶带的家畜数是单数,则多扣留半只),然后再退还一只。

一天,有兄弟3个赶着5只羊准备翻山到集市上去出售。当他们从过路行人那里得知上述的规定后,都很生气,又很着急。最后,聪明的大哥想了个办法,向两个弟弟嘱咐了几句话,便扬鞭赶着羊顺利地通过了5道关卡,而且一只羊也没损失。

请问:这兄弟3人到底是怎样赶着羊通过这条山路的?

41. 几个馒头

王先生为了避难,便躲到防空洞中栖身。一个星期后,他带来的食物就只剩下馒头。如果他现在拿出三个馒头的话,那么,在他手上还有多少个馒头呢?

42. 能用的子弹

　　三个猎人到森林里打猎，其中两个人的子弹因沾了水，不能再用，因此三人就平均分配存好的子弹。在每人射击四次后，三人所剩子弹总数和分配时每人所得的子弹相等。请问：分配时共有多少颗能用的子弹？

43. 哪枚鸡蛋会碰破

一个人两只手里各拿一枚鸡蛋，把一枚向另一枚撞去。假如两枚鸡蛋一样坚硬，大小、形状完全一样，而且都是同一部位互相碰撞，则哪一枚鸡蛋会碰破？

44. 会砸坏肚子吗

一块大石头，有三四十千克重，放在一个躺着的人的肚子上，另一个人抡起铁锤，使劲砸石头，躺着的人的肚子会不会被砸坏呢？

这不是什么气功，而是个物理学上的问题。请你先好好想一想，再看答案。

45. 谁先发觉

有两座高山，中间相隔 500 多米。有一天晚上，在第一座高山的山顶上有 3 个人：一个盲人，一个聋人，还有一个因为太疲倦，躺在地上睡着了，因此他既看不见，也听不见。

夜非常静，忽然，在第二座高山上有人向这边放了一枪。盲人马上听见了"砰"的枪声；聋人虽然听不见，可是却看到了枪口上的火光；而那个睡着的人呢，他也发觉了，原来那颗枪弹恰巧擦着他的鼻尖飞过去。

当然，他们 3 人都发现有人放过枪了，可是你能说出他们 3 人之中，谁是最先发觉的人吗？

46. 何时一起返回

　　阿强、阿伍、小刘、小王四人都是海员，今年 1 月 1 日，他们同时乘不同的游轮出海，阿强每隔 16 星期回港一次，阿伍每隔 12 星期回港，小刘则隔 8 星期，小王也要 4 星期返港一次。请问：哪一天他们四人才可一同返港，重叙友谊之情呢？

47. 找出真手表

这两块手表，一块是真的，一块是玩具。请你看看哪块是真的？

48. 忘了画什么

这里有8张图，粗心的小画家在每张图上都忘了画一样最重要的东西，请你给指出来好吗？

49. 帆船会前进吗

有人说这只帆船不会前进一步，对吗？

50. 谁先返回

　　两个水上运动健儿在划船训练时进行比赛：一个在河里顺流划，一个在河旁的一个平静的湖里划，两人划的路程一样。假如在全部时间内，两个划船运动员所用的力完全一样。那么，他们谁先回到出发点？

51. 巧填数字

下面每一组图形都有它自己的规律。请你先把规律找出来，再把空缺的数字填进去。

52. 智搬枕木

有枕木 *15* 根，排成一竖排。现在要求每次只搬 *1* 根枕木，把这些枕木分成 *5* 个组，每组是 *3* 根，每次搬的时候要求跳过 *3* 根枕木。请你想一想，应该怎样搬？

53. 巧算年龄

假期里，初二甲班的几个同学去看望数学老师黄老师。黄老师在家里热情地接待了他们。在谈话过程中，一个同学问："黄老师，你今年多大岁数了？"黄老师想了想说："我今年的年龄的个位数刚好等于我儿子晶晶的年龄，十位数刚好等于我女儿玲玲的年龄，同时我的年龄又刚好是晶晶和玲玲年龄乘积的两倍。请你们算一算，我的年龄是多少？"同学们兴致勃勃地演算起来，不一会儿就算出了答案。你能算出来吗？

54. 能晒黑吗

有一次方方想把皮肤晒黑一点儿。他脱下衬衫，躺在屋里的玻璃窗前，炎热的阳光穿过玻璃，照射在方方身上。可是奇怪，他躺了半天完全白费，根本没晒黑，这到底是为什么呢？

55. 哪堆火先灭

同样大小的两堆干柴燃烧着，一人用一桶冷水去浇，另一人用一桶开水去浇，冷水和开水的用量是相同的。请问：哪一堆火先灭？

56. 巧调饮料

有两只容量一样大小的瓶子，甲瓶里装满了牛奶，乙瓶里装满了可可。

现在，一位顾客要求，把两只瓶里的饮料，调配成牛奶和可可各一半的混合饮料。但是，旁边只有三只一样大小的杯子，而且杯子的容量，恰巧是瓶子的三分之一。聪明的服务员并未被难住，立刻利用这三只空杯，满足了顾客的要求。

你知道他是如何调配混合饮料的吗？

57. 一句话定真假

　　地球上，有许多奇怪的地方，尼伯尼伯市就是其中之一。这个市分为南北两区：南区的居民很爱说谎；北区的居民十分诚实。

　　一天，一个游客在这个市迷了路，他本想向途人问路，但又害怕问到的人是南区居民。后来，他终于想到可以确定路人身份的一句话，你知道是哪一句话吗？

58. 哪种最省力

同一匹马，图上驮着两袋麦，图中拉着两轮车、两袋麦和一个人，图下拉着四轮车、两袋麦和一个人。请问，哪种方式马最省力？为什么？

59. 巧妙排列杯子

小明把 10 只杯子摆放在桌子上，杯子都一个挨着一个地排列着。前面的 5 只杯子装满了水，后面 5 只杯子空着。小明想只动其中的 2 只杯子，就能够使空杯和满杯间隔着排列。

请问：到底怎样摆弄杯子呢？

60. 杯子被吹

今天，小丽乘搭火车到郊外旅行。当火车开动后，小丽便在自动贩卖机中买了一杯橙汁。当她喝完橙汁后，便随手把纸杯放在窗边。不过，她忘了车窗是开着的，所以纸杯便被风吹起来。

你认为这个纸杯会被吹到车厢外，还是在车厢中飞舞呢？请动动脑筋。

61. 数水果

一天晚上，刘大爷想数一数他卖剩下的 *18* 个橘子和梨中，有几个橘子、几个梨。这时，水果都叽叽喳喳地说开了。梨子说："如果今天我们多卖出 *4* 个，那么我们就和橘子弟弟相等。"

"对啦，刘大爷您多给我们 *4* 个同伴，我们的数就和梨子哥哥一样多。"橘子说。

刘大爷说："这么说，用不着看，我想一想就知道你们各有多少了。"接着，他念道："*18* 除以 *2* 等于 *9*，*9* 减 *4* 等于 *5*，*9* 加 *4* 等于 *13*。橘子 *5* 个，梨子是 *13* 个。"刘大爷说完，拍拍手起身要走，橘子急得喊起来："刘大爷，您算错了，我们不只 *5* 个呀！"

梨子也说："刘大爷，您算错了，我们没有这么多个啊！"

请你帮刘大爷算算看，究竟有几个梨和几个橘子呢？

62. 桶和油怎么分

供销社运来 21 桶油。其中，7 桶是满的，7 桶是半桶，还有 7 桶是空的。供销社李主任说："必须尽快将油和桶平均分给三个代销点。"并且提出为了节省时间，不许用秤，不许倒。这可把大家难住了。后来还是售货员小王想出了一个办法，顺利地解决了这个问题。你知道他是怎么分的吗？

63. 拿出小冰块

桌上放着一只盐瓶，里面放着一只小汤匙，旁边放着一段绳子和满满的一杯水，水面上还浮着一块冰。

现在请你用汤匙或绳子把浮在水面上的小冰块拿出来。

但是要注意：一不能用汤匙捞小冰块，二不能用绳子缚小冰块。在这样的条件下，试问怎样才能把小冰块拿出来？

64. 谁说的对

这三个同学都说："我手里拿着两个瓶，一个瓶里装着氢气，一个瓶里装着二氧化碳。"三个人里只有一个人说对了，请你想一想，他们谁说的对？为什么？

65. 谁打碎了玻璃

甲、乙、丙、丁四个人中有一个打碎了玻璃。乙说："是甲打碎的。"甲说："是丙打碎的。"丙说："不是我打碎的。"丁说："甲说是我打碎的，他在说谎！"

其实，他们四个人中只有一人说了真话。现在你能判断出到底是谁打碎了玻璃吗？

66. 巧找字母

请你仔细找一找，这个图中有多少英文字母呢？

67. 扔石头

你猜，她向池塘里扔了几块石头？

68. 巧破水瓶

这里有一个装满水的水瓶，瓶口是用木塞紧塞着的。现在，请你将这个瓶子打破，但不准用手或其他工具去接触这个水瓶，你如何才能打破这个瓶子呢？

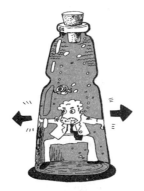

69. 巧妙分牛

从前有个农民，他有 *17* 头牛。他在临死之前立下遗嘱，要把这 *17* 头牛分给他的三个儿子：长子分一半，次子分三分之一，三儿子得九分之一。他死后，三个儿子无论怎么分也分不成，结果是一个聪明的邻居替他们分好了。你知道这位邻居是怎样分的吗？

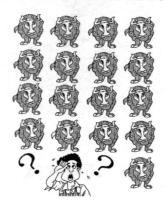

70. 猫狗吃肉

狗和猫在树林里举行的运动会上进行 200 米赛跑，可跑道只有 100 米，所以跑到 100 米终点后还需折回来。按规定，谁先跑到 200 米终点，谁就可以吃掉放在终点线上的一大块肉。当猴子举枪发令以后，猫和狗都想争先吃到香喷喷的肉。狗一步能跑 3 米，猫一步只能跑 2 米，但猫比狗灵活，猫跑三步，狗才能跑两步。

你知道狗和猫谁能吃到这块肉吗？

71. 汽车行驶了多少千米

平平乘汽车经过一个地方，看到路标是 *15951*，他觉得很有趣。这个数字的第 *1* 个数和第 *5* 个数相同，第 *2* 个和第 *4* 个相同。

汽车行驶了两个小时，平平又看到路标上的数字，仍然是第 *1* 个和第 *5* 个相同，第 *2* 个和第 *4* 个相同。你知道汽车两个钟头行驶了多少千米吗？另一个路标的数字是多少？

72. 谁是罪魁祸首

某人有一套赛璐珞（硝化纤维塑料）制的三角尺、量角器等用具，几年前放在一个塑料文具盒里，置于柜中。最近拿出来一看，塑料文具盒依然完好如初，而里面的三角尺、量角器却已变成了蜡一样的碎块，同时文具盒附近的毛巾也变黄和霉烂了。但这几年没有人动过文具盒，柜中除了衣服和一些樟脑丸之外，别无他物。那么，使赛璐珞制品损坏的罪魁祸首是谁呢？

73. 哪个离岸最近

椰子是利用水来传播繁殖的，这里有 *11* 个椰子分别在水上漂流，请你指一指，哪一个离岸最近？

74. 鸟在哪儿

这幅画里，天空中原有 *8* 只鸟，现在只有 *7* 只，还有 *1* 只鸟在什么地方？请你尽快说出来。

75. 找伙伴

小姑娘的 8 个小伙伴，都躲茂来了，请你帮她找一找好吗？

76. 延长 30 秒

由 A 到 B，要经过一条山道。一个人走时，只需要 5 分钟；两

个人走时则要 *5* 分 *30* 秒；三个人一起走时，则要 *6* 分钟。为什么每多一个人走，路程便会延长 *30* 秒呢？你知道是什么原因吗？

77. 巧妙避雨

现在，小明的四周正下着雨，然而小明的身体却一点儿也没有被淋湿。而且小明正身处户外，同时也没有带任何雨具，那么是什么原因让雨水没有淋湿小明呢？

78. 列车有多长

在双轨铁路线上，对开的两列列车相遇了，一列车的速度是每小时 36 千米，另一列车的速度是每小时 45 千米。第二列车上的旅客发觉第一列车在旁边开过时共用了 56 秒钟。请问：第一列列车有多长？

79. 为保 36 减 36 仍是 36

36 减 36 仍然是 36，你可能不相信，然而这的确是事实。不过，要得出此数，非得深思一番不可。现在条件如下：减数和被减数都是由八个数相加而成；至于它的差，则由以上各数相减后的总数相加而成。

现在请你想一想，减数和被减数各由哪八个数相加而成？

80. 老鼠哪儿去了

　　把这幅画放在离眼睛 40 厘米远的地方，闭上左眼，用右眼注视图中的猫，然后慢慢把画移近。当画面移到离眼睛大约 25 厘米处，右边的老鼠会突然从视线中消失。请问：老鼠到哪儿去了？

81. 飞机能相遇吗

有两架飞机，一架头向东，一架头向西，两架飞机的尾巴对着。如果它们一直向前飞行，不"拐弯"，不"倒退"，它们最后能够相遇吗？

82. 考察哪里

一天，科学家杰列金正在考察。忽然，他看到一只熊向他走来，杰列金急忙向南跑去。他跑出了 1 千米后，又向西跑了 1 千米，然后又往右拐向北跑了 1 千米。奇怪的是，他跑了半天，竟回到了原来的地方。

你知道杰列金是在哪里考察吗？那只熊又是什么颜色的呢？

83. 野兽在哪里

在这个森林里，除了这只金钱豹，还藏着另一只野兽。请你找找看它是什么？藏在哪里？

84. 找出海豚

画里还藏着一条海豚，你能找出来吗？

85. 演员哪里去了

大剧院上演了一出新戏。戏里的两个主角演得特别好，演完后，观众奔上舞台去向他们祝贺。可是这两个演员却藏到人群里去了。你能把他们找出来吗？

86. 平分蛋糕和钱币

桌面上有 4 枚一元硬币及两个价值一元的蛋糕。现在，请你将这些东西平均分给三个小朋友，使每人都可得到一个蛋糕及一枚钱币。该如何分呢？

87. 鸡蛋没摔坏

爸爸总喜欢问约翰一些奇怪的问题。今天他对约翰说："从前有一个人，他站在 600 米的山顶上，从头顶向下扔一个鸡蛋。非常奇怪的是，鸡蛋下落 600 米时，却还没有摔坏，这是怎么一回事呢？"

"那山底下一定是铺了很厚的棉花"，约翰说。

"不对，山底下全是乱石块。"爸爸纠正说。

那是怎么一回事呢？

88. 多少人得奖

上数学课时，李老师提了一个有趣的问题："去年'六·一'儿童节，全市小学四年级举行了一次数学比赛。比赛前决定，前 15 名可以得奖。比赛结果为：得第一名的有 1 人，得第二名的有 2 人，得第三名的有 3 人，一直取到第 15 名。总之，第几名就是几个人。请大家用简便方法来计算一下，这次得奖的一共有多少人？"

老师讲完后，小刚站起来说："李老师，这个问题很简单，得奖总人数有 120 人。"

老师笑着问大家："你们说他说得对吗？""对！"大家异口同声地回答。

你知道小刚是怎么计算出得奖总人数的吗？

89. 火车往哪里开

到野外时，学会不用指南针来辨别方向是很有用的，可以使你不迷路。

在白天，可以观察树木年轮的疏密和根旁青苔长的方向，来判定哪里是北方；晚上可以根据北极星来辨别方向。

这里有一张图，画的是陇海铁路（连云港——兰州）一段的冬天景象。

陇海铁路是东西方向的。

你能根据这张图，判断出火车正向哪里开吗？是从连云港开往兰州，还是从兰州开往连云港？

90. 星星哪儿去了

夏天的夜晚，丽丽一家在门口乘凉。丽丽看着天空说："天上的星星真多，数也数不清，可一到白天，就一颗也见不到了。"哥哥小刚笑着说："这还不明白，到了白天，星星就转到地球的背面去了，当然就见不到啦！"这时，妈妈说话了："小刚，这是谁告诉你的呢，是老师还是书本?"小刚说:"我自己想的。"妈妈说:"你想错了。再想想看,到底是什么原因?"读者朋友,你能说出为什么吗?

91. 为什么不及格

小宝画了四张图画,被老师判为不及格。请你帮他看看,到底错在了哪里?

92. 错在哪里

这是一幅以夏天为主题的图画。画里有水稻、蜜蜂、鹅、小鱼、蝌蚪、荷花、向日葵、蝙蝠、蝉、雁。太阳高高挂在天空,远处出现了美丽的虹,风儿赶着帆船行走。农民伯伯忙着车水。两个小朋友在柳树下钓鱼,青草地上印着他们黑黑的影

子。多么美丽的一幅图画呀!但是里面有 11 处错误,请你找找看。

93. 增加车站

晓剑跟着姐姐去游览温泉公园。不一会儿，公共汽车在缙云中学门前停下来。

晓剑惊奇地说："姐姐，去年我来时，这里没有车站啊！"

姐姐回答："城市建设日新月异，许多公共汽车的线路上都增加了一些车站。我们这条线路上，新增加的车站不止这一个。"

"这条线路上新增加了几个站呢？"晓剑急切地问。

"这条线路上，新增加了26种车票，你算一算，原来有几个车站？新增加了几个车站？"

现在，请你想一想，应该怎样来计算这道题。

注：甲站到乙站为一种车票；乙站到甲站为另一种车票。

93. 男孩和女孩

游泳池里，一些小朋友正在游泳。男孩戴的是天蓝色的游泳帽，女孩戴的是粉红色的游泳帽。

有趣的是：在每一个男孩子看来，天蓝色游泳帽与粉红色游泳帽都是一样多的；而在每一个女孩子看来，天蓝色游泳帽比红粉色游泳帽多一倍。

请你想一想，男孩子与女孩子各有多少个？

95．哪两只一样

这群羊里面，有两只绵羊长得完全一样。请你找找看，是哪两只？

96．哪两幅一样

这里有4幅图，其中有两幅完全一样，其他两幅有一点点不同，请你找出两幅完全一样的。

97. 找出相同的老虎

三只老虎中，有两只画得完全相同，你能找出来吗？

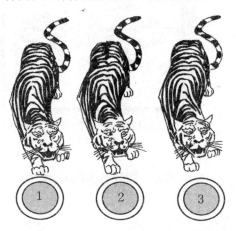

98. 巧切蛋糕

史密斯教授 70 寿辰那天，他的朋友和学生都赶来祝寿。老教授兴致勃勃地指着桌上的一块奶油蛋糕说："用这把刀切这块蛋糕，只准切 6 刀，不限平均，谁切的块数最多谁就是胜利者。"由于没有一个人有把握一次成功，便取来纸，画个圆圈代表蛋糕，一个个埋头设计起"切蛋糕方案"来。不一会儿，一张张切蛋糕图递上来了：有切 12 块的，也有切 16 块、19 块的，老教授均摇头不语。最后交卷的是寡言少语却善于动脑筋的玛丽。教授看着她的答案，频频点头，满意地笑了。

你知道玛丽切了多少块吗？

99. 还有几个角

一张长方形的纸有 4 个角，剪掉一个角，还有几个角（要求答出 3 个不同的数）？

100. 智猜蚕豆

　　小英两只手里都拿了一把蚕豆，一把是单数，一把是双数，叫杏芳猜她哪只手里的蚕豆是单数。杏芳想了一下，叫她把右手里的蚕豆数目乘3，左手里的乘2，然后把两个数目加起来告诉她。小英算了算，是43。杏芳就说："你右手的蚕豆是单数。"小英一看，果然叫她猜测中了。请你想一想，她是怎么猜的呢？

101. 平安度过飞行灾难

机长和副机长驾驶着飞机从洛杉矶飞往华盛顿。飞行途中，副机长打开驾驶舱门出去方便，随手把门关上了，他方便后回来只好敲门。机长正全神贯注地驾驶飞机，听见敲门声便来开门，他以为副机长还在驾驶舱里，这是别人在敲，一定有什么急事。于是他打开门走出来，随手将门重重关上，生怕外人闯入驾驶舱。两个驾驶员都意想不到地被锁在驾驶舱外面了。飞机处于无人驾驶的状态，情况非常危险，他们想出种种办法都没能将门锁打开。后来，飞机还是平安无事地降落了。你知道是什么原因吗？

102. 酒鬼的鬼点子

有个酒鬼在酒店里喝酒经常赊账，老板非常讨厌他。一天，他又来到这家酒店想喝酒，老板看他来了，一脸的不高兴，但又无可奈何。老板想了一个主意想刁难一下这个酒鬼，于是说："你想喝酒必须从4米多高的竹竿上，把装满好酒的酒瓶取下来，但是不准用梯子，也不许把竹竿砍断或者放倒。"这根竹竿非常细，根本不可能爬上去。酒鬼一听傻眼了，但他还是想出了一个鬼主意，非常顺利地从高高的竹竿上取下了酒瓶。

请问：这个酒鬼用的是什么办法呢？

103. 小坛装大坛

从前，有一个狡猾的地主，他请了一个老实的长工。这个长工辛辛苦苦地为他劳累了一年，到了年终长工收工钱时，地主却出了一个难题，叫长工把大坛子装到小坛子里。这个老实的长工没有办法，结果白白劳累了一年。

第二年，这个长工的弟弟又给地主干了一年，到了年终收工钱时，地主又出了同样的难题。弟弟稍稍思考了一下，很简单地解决了难题。

请问：弟弟是怎样解决难题的？

104. 三岔路口找方向

赵老师带着初一（2）班的同学准备从 B 地出发到 A 地去春游。走到一个三岔路口时，他们发现标着 A、B、C 三地的路牌被人推倒了，横七竖八地倒在路边。赵老师和同学们都不熟悉道路，只好等待过路人询问。然而，这里很少有人路过。正在这危难时刻，一位叫刘聪的同学突然说："我知道路牌指引的方向了。"

请问：他是怎样知道的？

105. 有多少本书

放假后，小凡整理自己的小书架。他发现自己 500 册藏书中，有 5 本书损坏了。另外，他的借书登记本写着：小明借去 4 本，小刚借去 6 本，这些都没有还，还有 2 本书前几天被小妹妹弄丢了。

小凡整理完时，他的同学来了。他问小凡："你还有多少本书呢？"

你猜小凡是怎样回答的？

106. 一枪打倒 4 个啤酒瓶

"一只眼"、神枪张三和"三只眼"三个人是好朋友，又都是酒鬼。

一天，三个人到皇家啤酒城去喝啤酒。服务员端来了 4 瓶啤酒。"一只眼"说："哥们比枪法打个赌，谁不行谁付酒钱。我只要 3 发子弹就能把瓶子全部打倒。"

神枪张三说："我只需要两发子弹就可以把瓶子全部打倒。"

"三只眼"说："看来啤酒钱是你们付定了。我只需一发子弹就够了！"

"一只眼"和神枪手张三听了都不相信。你知道"三只眼"是如何射的吗？

107. 找路线

如下图所示，城市的楼群建筑在两个城市的马路之间。从"甲方"通向"乙方"，共有多少条不同的路？

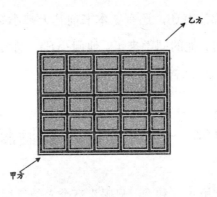

108. 难住教授

小华的爸爸是大名鼎鼎的大学数学教授，小华是个三年级的学生。一次，他要考考爸爸这个大数学家。

小华说："爸爸，我这儿有一张撕下来的纸，只有一边是直线，不准沿直线对折，你能用折的办法折出一个直角吗？"爸爸用纸折来折去，也没有办法弄出一个直角。小华笑着说："看来你这个大学教授也是徒有虚名的。我折给你看。"小华很快就折出了一个直角。你会不会折呢？

109. 8刀切多少块

豆豆可聪明啦，每次参加数学竞赛，他总是拿第一名，得的奖状把墙壁都快贴满了。小弟弟蛋蛋有点儿不服气，想考考哥哥的能耐有多大。

蛋蛋说："一个西瓜切3刀，最多可以切多少块？"豆豆说："8块。"蛋蛋说："那么一个西瓜切8刀，最少可以切多少块？"豆豆说："等等，让我拿纸笔来算一下。"

蛋蛋笑他："不用纸笔啦，我告诉你吧。"豆豆听了答案，不觉羞红了脸。蛋蛋的答案是多少？

110. 智辨真假眼

美国有一个百万富翁，贪婪自私，把金钱看得比生命还重要。不幸的是他的左眼失明了。为了保持自己的高贵身份，他花大钱请人给他装了一只和真眼差不多的假眼。

这个富翁逢人便炫耀他的假眼是如何如何的逼真。一次他在大文学家肖伯纳的面前又卖弄上了。他说："大作家，你知道我的哪只眼睛是假的吗？"肖伯纳看了一会儿说："这只眼睛是假的。"富翁大为惊讶，不得不佩服肖伯纳的眼力。

你知道肖伯纳是怎样看出假眼的吗？

111. 该放不该放

狐狸一不小心让老虎逮住了，老虎准备吃掉狐狸。狐狸说："大王，我最会讲笑话，你吃了我就没人给你讲笑话了。"老虎说："那你就讲一个吧。如果我笑了，我就放你，否则绝不放你。"

狐狸就说了一个"屁"字。老虎问："这是什么意思？"狐狸说出两句话来，逗得老虎大笑不止，果然把狐狸放了。

狐狸说出了什么话？

112. 硬币在哪里

松松喜欢研究科学，他常常弄一些瓶瓶罐罐，装上各种各样的液体，看看它们比重的大小，还喜欢考他的奶奶。

这天松松把油、水和水银装在一个量筒里，问奶奶："您知道油、水和水银处在什么位置上吗？"奶奶说："当然知道。油在上面，水在中间，水银在底下。"松松又问："如果把一个硬币扔进量筒里，硬币会在什么位置呢？"

奶奶说出了正确的答案，你知道吗？

113. **到底会不会输**

"只会赢"和"不会输"两个人，总喜欢打赌。

"只会赢"说："有一种东西，上升的时候会下降，下降的时候会上升。你说有这种东西吗？"

"不会输"说："我不信天下还有这样的怪物。我敢跟你赌五百块钱，如果你真能找出这样的东西就算你赢。"

"只会赢"说："那你肯定输定了。"

亲爱的读者朋友，你说"不会输"到底会不会输呢？

114. **计算**

1 986 的 1 986 次方对于我们来说是个天文数字，它有 6 550 位，仅仅这一个数字就可以写满一大张纸。如果把这个数字加起来，就得到一个和，我们假定它是 A。将 A 的各位数字再相加，又可得到一个和，我们假定它是 B。然后，再将 B 的数字相加，又得到一个 C。但你知道这个 C 是多少吗？如果找不出微妙的方法，想算答案可能只有借用计算器来帮忙了。

$$1986^{1986}=?$$

115. 老马夫辨马

有个老马夫养了一群马，半夜的时候有个盗马贼把一匹马给盗走了。老马夫想，这贼一定会把马牵到市场上去卖，于是就到市场上去守候。盗马贼果然牵着马来卖了。老马夫走上去说："这马是我的，你把它偷了。"盗马贼说："这马是我自己养的，怎么说是你的。"老马夫便把马的两只眼蒙起来说："你说马是你的，你知道他哪一只眼看不见吗？盗马贼说："左眼看不见。"老马夫放开左眼。盗马贼一看左眼是好的，他忙又改口，但是老马夫却照样把盗马贼抓住了。他是怎么做的呢？

116. 小猴爬梯子

亭亭家养了一只小猴，一天小猴看到葡萄园搭着一架梯子，就偷偷地爬上去吃葡萄。小猴爬到中间一级时，看到下面的葡萄熟一些，就往下退了 3 级，等会儿又爬到了第 7 级，但它又看到下面的葡萄熟一些，又往下退了 2 级。它吃了几个葡萄，又爬上了 6 级，这时上面还有 3 级。

这梯子一共有多少级？

117. 狮蚁的故事

有一只奇怪的狮蚁，它有如下的能力和局限：

（1）它的世界是扁平的，它只能跳（不能做其他移动的动作）。

（2）它不能够向后转。

（3）它只能对着四个方向跳——北、南、东和西，而不能够斜着跳（如东南、西北）。

（4）它可以跳得很远也可以跳得很近，但每一跳的距离不会少于2.5厘米，也不会多于150米。

（5）在天气很好的时候，它跳一步的平均距离是4米。

（6）它必须在相同的方向上连跳四次才能够跳到另一个方向上。

（7）它完全依赖于主人给它的食物。

狮蚁已经跳遍了所有的地方，现在，它非常的饿，而让它高兴的是，主人在它西边1米远的地方放了一大堆食物，饥饿的它急于得到食物。但当看到这些诱人的食物时，它停住了（它正面向北方）。它已经饥饿难耐，身体特别虚弱。因此，它想尽可能快地得到食物的话，就要用最少的跳跃次数。在简短的思考之后，它意识到自己不能够一下子正好跳到西边。突然，它想到了一个好办法，说道："有了！我只要跳四次就能得到食物了！"

问题：

为什么狮蚁跳四次后，正好使它花费最小的力气得到食物？

提示：

（1）狮蚁面对的方向不一定是它跳跃的方向。

（2）狮蚁可能处于任一跳跃中的一步骤——它可能刚跳了一次、两次或三次。

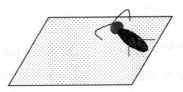

118. 鲁班考徒

能工巧匠鲁班收了许多徒弟。一天，他对徒弟们说："明天我要考考你们。"

第二天，群徒一早就到了鲁班家，但见门关得死死的，门上贴了张纸条，上面写着："今日可不见。"徒弟们正准备散去，其中一个小徒弟却说："我们到河边去看看，师傅可能在那里。"接着解释说，"'可'即'河边'，'不见'连在一起是'觅'，这是暗示我们到河边找他。"于是大家赶到河边，果然见师傅坐在那里等呢。

鲁班高兴地指着身旁的一堆梓木说："你们用这梓木做三日，要做得精。这就是考题。"三天后，徒弟们各自拿着自己精雕的梓版献给师傅。飞禽走兽、花卉草木，十分吸引人。但没有一个是鲁班看中的。这时，那个小徒弟献上一个镶嵌得很精巧的小书架，书架的梓木正好构成一个"晶"字模样。鲁班赞道："这就是我要求你们做的。"

请说一说，小徒弟是怎么知道鲁班的意图的呢？

119. 移动火柴

用火柴棍拼成数字"2809"，只允许移动两根火柴，能得到的最大的数是多少，最小的数是多少？又是怎么移动的呢？

120. 盗县印

寿县的简知县，刚一到任，就把刘之智找去，说："刘之智，听说你一肚子一二三，眼眨眨就来点子。那好，三天内，你把我县印盗去，我就服你。做不到，就把你赶出寿县。"

刘之智说："大人，小人本无多大本事，尤其不会偷，不知大人初上任，就听谁乱说。"

知县说："我不管，高低就这么办了。"

刘之智万般无奈，叹口气说："大人，一定要这样做，该叫打赌。说是盗印，我万万不干。"

"好说，打赌就打赌吧。"

刘之智走后，简知县忙吩咐在厅堂放上一张大方桌，把县印放在方桌中央，让十个衙役轮班看着，一班两个。夜晚则高挑明烛，照得厅堂如白昼。简知县得意地想，就是神偷再世，恐怕也难盗了。这下，可给刘之智一个下马威。

第一天，无事；第二天，无事；最后一天，衙役们也松了口气，心想，这一天一夜过去，明天就能看到刘之智受惩，以后就少受他的闲气了。

可是，就在第三天，在大白天，在两个衙役的面前，刘之智把县印偷走了，而衙役却不知道。

刘之智想的什么办法呢？

121. 一块破石头

明朝万历年间，淮阴有个士人叫周吉，素以诙谐机智著称。某年赴京赶考，在厕所里看到一块黑石头躺在泥里，周吉眼珠一转，随即把它捡起来，用旧丝巾裹好，心里想，换它三百两银子花花。

他走到京城最大的当铺，把石头放在柜台上："石头一块，当纹银三百两。"

伙计左看右看，看不出奥妙，便把朝奉请来，朝奉端详了一阵，说道："这明明是破石头一块。请问客官，这石头有什么妙处？"

"货卖识家，不识别问。"周吉转身欲走。

这时当铺老板从里面出来说："贵客请留步。"

老板看了看石头，又眯缝着眼睛端详了周吉一阵子，问道："卖不卖？"

"什么价？"周吉一副不屑的样子。

"本来嘛，这宝物无价。"老板捻捻胡子，"不过你既来当它，想来必是急需钱用了。老朽就厚着脸皮趁个巧，三千两。"说完就盯着周吉。

周吉丝毫不露颜色，淡淡地说："难得老板识货，就如此吧。"当下取了银子，慢慢悠悠地踱去。

朝奉半晌回过神来，问："请问老板，这是什么宝物？"

"根本就是臭石头一块。"

"那——"

"嘿嘿，老夫自有妙用。老子不会白扔三千两银子，是不是？"说着提笔写了告示："本店出售破石头一块。价格：白银一万两。"叫伙计贴到门外显眼处。伙计暗笑："老板在找比他还傻的人哪。"

人们看到这则广告，觉得古怪：一块破石头卖一万两？那好石头还不得一百万两哪。不过这家当铺全城排名第一，大家倒也没有把它当作儿戏。看的人越来越多，都说当铺老板鬼精，这次怕是真得算定要赚一万两呢。但破石头纵有人买，谁又能出得起一万两白花花的银子？

没想到，广告贴出第二天，就有人敲锣打鼓地来买了。一问，原来是本城新开的酒楼隆胜居。

隆胜居的人当众交清一万两纹银，用宝盒盛了石头，一伙人鸣锣开道地抬了回去。

隆胜居的老板比当铺老板还要鬼，他买了这块石头，不到三个月，竟赚了纹银二万两。

你知道这是什么原因吗？

122. 剪纸游戏

1) 取一张正方形的纸张，通过折叠，怎样才能一剪刀将它剪成"五角星"呢？

2) 取一张正方形的纸张，通过折叠，怎样才能一剪刀将它剪成"十"字形呢？

3) 取一张正方形的纸张，通过折叠，怎样才能一剪刀将它剪成八角形呢？

4）剪几刀才能把这个平行四边形剪成长方形呢？

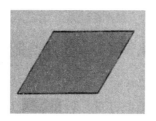

5）取一张正方形的纸张，在上面画上四横四竖，将纸分成 16 个相同的小正方形，通过折叠，用剪刀只剪一下，将黑白部分剪开。

123. 撞人逃跑

1995 年年底，在沈阳沟帮子西大桥东侧，一辆驴车因下坡时车速过快，将路边一行人撞倒。当办理住院手续时，车老板却在忙乱中丢下驴车逃跑了。

被撞者李某与其同伴谢某两人想了一个办法，居然把撞人的车主找到了。

请问：他俩想的什么办法呢？

124. 猪八戒照哈哈镜

猪八戒听说照哈哈镜挺好玩，就央求大师兄孙悟空带他去玩。

孙悟空把猪八戒带到一个娱乐城中，让猪八戒站到成"5"字形的三块哈哈镜面前去照。猪八戒左转右转，看到镜中的他变成古怪的模样，就忍不住笑了起来。猪八戒转念一想："都说猴哥聪明，等我问他一个问题看他答不答得上来。"他说："猴哥，你说这儿有几个猪八戒？"

孙悟空看了看镜子，说了一个数字。八戒说："猴哥这回你可说错了！"

到底有几个猪八戒呢？

125. 从轻到重排体重

小红、小兰、小飞、小玲 4 个人是好朋友。有一天，他们一起去商场，在街上看到了一个体重称。于是他们纷纷去称体重，最后的结果是：小红比小飞重，小红加小兰和小飞加小玲相等，小兰一个人比小红加小飞两个人还要重。那么，请问他们从轻到重应该怎样排列？

126. 车站老大难问题

有一个外国人坐火车从郑州到北京去旅行。他在石家庄站停了下来，看了一下时刻表，知道起点与终点站之间，由北京开向郑州的车是每隔20分钟一趟，而由郑州开向北京的车则是每隔30分钟一趟。这条线上没有别的支线，也没有快车或货车经过。这个外国人觉得，好像不管有多少车辆，最后都会全部堆在郑州站上。可实际上并不是这样，外国人怎么也弄不明白，你知道是什么原因吗？

127. 永远超前的东西

推销员小黄为了推销产品，向人们宣传道："我的产品永远走在别人的前面，走在世界的前面。"人们听了都认为小黄的产品质量有问题。不论小黄怎么大力宣传，他的产品就是卖不出去。小黄没有销售业绩，因而被炒了鱿鱼，他感到非常冤枉，整天垂头丧气。

请问：小黄推销的是什么产品呢？

128. 两副手套变三副

在战争中，3名战士受伤急需抢救，可手术箱里只有两副消过毒的手套。医务人员感到非常为难，如果只给两位伤员做手术，另一个伤员得等到战斗结束后才能送到后方医院去，但拖延时间伤员就有生命危险。最后，医生想了一个办法，解决了这个难题。

你知道医生的办法吗？

129. 真的把骨头都吃光了吗

有一天，几个朋友邀请小红下馆子，一顿大吃大喝之后，却没人愿意掏钱。那几个朋友使了一下眼色，把餐桌的骨头全堆到小红跟前，并指着那堆骨头对小红笑道："你们瞧，小红吃得最多！"于是大家起哄让小红请客。

这时，小红说了一句话，使得那几个朋友非常难堪，不得不掏钱。

请问：小红说了一句什么呢？

130. 谁是少先队大队长

景山小学少先队举行联欢活动，邀请智勇双全的王科长讲有关侦察破案的故事。少先队辅导员陪同王科长来到后，团队小组长对王科长和少先队员们说："请王科长辨认一下谁是我们的少先大队长。"

王科长对于同学们的提问并没有感到慌张，他看见那么多双眼睛亮闪闪地看着自己，从外表是很难作出判断的。但王科长灵机一动，只说了一句简单的话，当即就认出了谁是大队长。

你知道王科长说了一句什么话吗？

131. 怎样找猪娃娃

猪妈妈带着它的猪娃娃到外婆家，它们要经过一条小河，猪妈妈叫一个大猪娃娃做小队长，排队点数。猪队长从前数到后，又从后数到前，不论怎样数都少了一只小猪。猪妈妈又叫一只最小的小猪来点数，数来数去还是少一只小猪。猪妈妈以为走丢了一只小猪，难过地哭了起来，还带领小猪们往回走，分散开来四处寻找。

你能帮猪妈妈找到走失的猪娃娃吗？

132. 指头是多少

有一天，老师考朱朱一个问题说："人的手有 *10* 根手指头，那么 *10* 只手有多少个手指头呢？"朱朱随口回答道："不就是 *100* 根吗？这太简单了。"老师笑了笑说："再想一想。"朱朱仔细一想，觉得自己太粗心大意了，他及时回答了老师。

你能迅速回答出这个问题吗？

133. 被踢的礼物

小兵过生日，朋友们纷纷拿出自己准备的礼物送给他，每样礼物他都爱不释手，一声声地道谢。最后，小军拿出他的礼物，小兵一看就使劲踢了一脚，把礼物踢得远远的。难道小兵不愿接受小军的礼物，还是有其他原因呢？

134. 专长是什么

冬天的早晨，浓雾笼罩着大街小巷，让人分不清方向，路灯和车灯也不起作用，人们都摸索着行走。

张叔叔夹着一个公文包，匆匆忙忙地赶去一个地方开会，但是迷了路，他东瞧瞧西望望地寻找道路，不幸撞倒了一个人。这人一点儿都没有生气，反而向张叔叔说对不起，还问张叔叔需不需要帮忙，张叔叔只好说自己迷了路。

那个人拉着张叔叔，走了许多条街道和小巷，最后终于到达了目的地。张叔叔向那人道谢时，那人却说："没什么，给人领路是我的专长。"

这是怎么一回事呢？

135. 树上有多少个苹果

在一大片树林中有一棵苹果树，苹果树上结了一个红色的苹果，红红的大苹果映着阳光，非常诱人。

有一群猴子来到树林里，它们一边走一边寻找食物。走在最前边的那只猴子发现了树上的大红苹果，突然蹿上树去。其余的猴子也发现了，一个个馋得直流口水，纷纷往树上爬，去争夺那个红苹果。

请问：树上有几个苹果，几只猴子？

136. 还剩几个梨

妈妈买了一篮梨，吃了之后剩下7个放在篮子里，篮子放在桌子上，妈妈去上班了。妈妈走了一会儿，能能想吃梨，但他够不着，就站在小板凳上踮着脚尖去拉篮子。结果把篮子拉翻了，篮子里的梨全倒了出来，有4个梨在桌上，有一个不知滚到哪里去了，能能到处都找不着。能能只好把桌上的梨拾进篮子里。有一个梨不见了，能能虽然怕妈妈回来责备，但管不住自己的嘴，就吃了一个梨。

请问：篮子里还剩下几个梨？

137. 画圆又画方

灵灵在做作业时，总想看动画片，趁爸爸妈妈不注意，就偷偷地瞄电视。

有一天晚上做作业时，灵灵又偷偷地瞄电视，爸爸看见了批评说："做事要一心一意，决不能一心二用。假如用右手画一个圆，用左手圆一个正方形，那么两样都画不好。"灵灵眨眨眼睛调皮地说能够画好，立即就开始画。他不仅画好了圆，也画好了正方形，爸爸都愣住了。

请问：他是怎么画的？

138. 数数窗格

兵兵家的窗户是用木条做成的，木条分成很多格子，每一格都是同样大小的正方形。兵兵每天都望着他家的窗户数着方形格子，但数来数去怎么也数不清。你能把兵兵家的窗户格子数清吗？当然不论大小，一个也不要漏掉，看看到底有多少。

139. 辞退的是谁

有位老板，他想辞退一个雇员。他叫雇员洪叔叔去买西瓜，他说："你一出门往西走，第一座桥那里就有卖西瓜的。"可是，洪叔叔在第一座桥那里并没有买到西瓜，只好空着手回来。老板又叫雇工陈叔叔去买西瓜，陈叔叔在第一座桥那里没买到西瓜，但他到别的地方将西瓜买回来了。老板没说什么。请你猜一猜，老板最后辞掉的是谁？为什么？

140. 谁也不愿买的房子

有一位很有名的画家，在他未出名之前，租了一间房子作画室。后来，房子的主人却想把这个还未出名的画家赶走，把房子卖掉。画家想出了一个主意，使得房东卖不出他的房子，于是画家安安心心地住在这里画画，一直到他出名。

请问：这个画家想的是什么办法呢？

141. 不负责的车辆

高速公路上发生了一起车祸，出现了严重的伤亡情况。警车、救护车赶到时，司机已经奄奄一息，而车上另一个人已经死亡。司机却说这个人死于肺癌。司机好似在诡辩，在为自己推卸责任，可是警察却承认这一事实。

请问：这到底是什么原因呢？

142. 龟兔再次赛跑

我们都知道，乌龟和兔子第一次赛跑，由于兔子骄傲自满，在中途睡大觉，结果让乌龟赢了。兔子感到不服，要求再次与乌龟比赛，乌龟只好应战。这次赛跑，终点是在山下。乌龟知道再也没有第一次比赛那样的好事了，兔子一定会聪明起来，它得想一个办法再次取胜。这次赛跑是顺风，一声口令，兔子就往前冲去，当它气喘吁吁地跑到终点时，看见乌龟在那里睡着了。乌龟醒过来说："你才跑来呀？"兔子自知又失败了，气得直跺脚，从此，兔子就养成了跺脚的习惯。

请问：乌龟怎么会跑到前面去呢？

143. 越洗越脏的东西

小花已经5岁了，可是仍十分爱玩，总是把小手、小脸甚至全身都弄得脏兮兮的。妈妈叫她去洗，她还问妈妈"为什么要洗？""洗了又怎么样"等问题。妈妈回答后又问她："什么东西越洗越脏？"这下可把小花难住了。小花总爱问别人为什么，这次轮到她回答问题时，却回答不上来。

你能帮小花回答这个问题吗？

144. 一共打猎多少只

　　小军的爸爸和叔叔十分喜欢打猎，小军总是跟随爸爸出猎，每次都满载而归。

　　上个星期，小军的爸爸又到山里打猎，他没有跟爸爸一同前去，好不容易盼回爸爸，小军兴冲冲地问爸爸打了些什么东西。

　　爸爸笑着说："我打了 9 只没尾巴的兔子，6 只没头的兔子，叔叔打了 8 只半个身子的兔子，你猜我们一共打了多少只兔子？"

　　小军挠着头，一时搞不明白爸爸到底打了多少只兔子。你知道吗？

145. 小鸟放在瓶里

　　兰兰总是拿着家里的秤玩来玩去，不停地问这问那，总要妈妈称她，看她每天能长多少斤。有一天，妈妈手里捧着一只长玻璃瓶，对兰兰说："你想一想，有一只鸟放在这只瓶子里，现在妈妈把这瓶子放到秤上称，小鸟却在瓶里飞，称的重量会有变化吗？"兰兰一时回答不上来。请你帮兰兰想一想。

146. 包公巧判羊

　　有两户人家，都养了许多羊。有一天，这两户人家都丢失了一只羊，后来找到了一只，这两户人家都说是自己的，于是就告到包公那里，请包公评判。

　　包公听两家对羊的描述都差不多，与羊的形象都相符合，单从两家的话来判断，的确非常困难。最后，包公想了一个简单的办法就使这只羊物归原主了。

你知道包公用的是什么办法吗？

147. 让黑点消失

不用手和任何工具，请让题下的黑点消失，但三角不能消失，不能用纸遮住或者用涂改液涂掉。

148. 奇怪的猜成语

初一（3）班举行文娱晚会，在"猜谜语"的节目中，同学们都踊跃参加。只剩下最后一个谜语了，是3张没有写字的白纸条。主持人说："这3张白纸条，是一个成语，看谁能够猜中？"

同学们立刻冥思苦想起来，可是谁也没答上来。过了一会儿，有位同学突然走上去，伸手撕下这3张白纸条，转身走到领奖处。主持人说："他猜中了。"

请问：这个同学猜的是哪一个成语呢？

149. 并不复杂的关系

一位警察戴着大盖帽，牵着一个小孩在人行道上行走。有一个人以为警察是在送一位走失的孩子回家，就好奇地问警察："这是你的孩子吗？"

"是的。"警察回答。这个人还以为警察说的是假话，便笑着问小孩："这位警察是你的爸爸吗？"

孩子天真而又一本正经地回答："不是。"

这个人认为警察说了假话，其实警察和小孩说的都是真话。

警察和小孩到底是什么关系？

150. 完成导游任务

小张在北京一个旅游公司当导游，她工作勤奋，总能很好地完成任务。去年她为一个旅游团体当导游，这个旅游团体由来自许多地方的人员组成，非常复杂。小张除懂得一门西班牙语以外，其他什么外语都不会。可奇怪的是，小张顺利地完成了导游任务，她能与每一个旅游成员很好地对话与交流，这到底是为什么呢？

151. 公兔有多少

在一个野地里有 10 只兔子，其中有公有母，公兔爱说假话，母兔爱说真话。一天，1 只百灵鸟飞来与它们聊天。百灵鸟问这些兔子："你们这里一共有几只公兔呀？"第一只兔子说："有 1 只公兔。"第二只兔子说："有 2 只公兔。"第 3 只兔子说："有 3 只公兔子。"以此类推，第十只兔子说："有 10 只公兔。"

请问：一共有多少只公兔？

152. 是司机还是乘客

有一天，高速公路上发生了一起交通事故，一辆大客车翻车了。这起交通事故引起新闻媒体的关注，有两家报纸对其进行了报道。但也让很多人感到非常奇怪，因为一家报纸说："司机及服务人员全部遇难，只有 1 名乘客得救。另一家报纸说："只有驾驶员幸免于难。两家报纸说的都是事实。这到底为什么呢？

153. 晚到变成早到

从前，一位国王有两个聪明能干的儿子，国王年纪大了，想把皇位传给儿子，但不知道传给谁才好。宰相出了一个主意，让两个皇子骑上自己的马跑向一座城堡，谁的马跑得慢就将皇位传给谁。于是，两个皇子各自骑上自己的马匹，慢悠悠地向城堡走去，心里都想早日接过皇位。

两个皇子在路上碰到一位老者，老者得知缘故后，向两个皇子点拨了几句，只见两个皇子立即快马加鞭，疾驰而去。

你知道老者出的是什么主意吗？

154. 巧算车牌号码

小王的自行车晚上被小偷偷走了，他到派出所报案。派出所同志询问他车牌号码时，他却记不清号码是多少了，只知道车牌号码的 4 个数字中没有零，各不相同，而且百位数比十位数大，千位数比个位数大 2。如果把号码从右往左读，再加上原来的车牌号码，等于 16456。

你知道小王的车牌号码是多少吗？

155. 5 行 4 棵

要放置 10 棵树，但要求必须分 5 行排列，每行必须有 4 棵树相连，如何才能满足此要求？

156. 一个"屁"放掉了

从前，有一个人非常聪明滑稽，善于谐谑取笑。一天，他到城里东游西荡，不料闯入了官府禁地，被巡逻的官兵捉住了，官兵要处罚他，他连忙跪地求饶。官兵说："听说你善于说笑话，现在限你只说一个字，若能够使我发笑，我就放你。"

这人想了一下，就说了一个字，果真引得那巡逻的官兵哈哈大笑，并把这人给放了。

这人说了一个什么字？

157. 一声叫喊的代价

小叶在商店里买东西，突然有一位老奶奶仔细地打量了她一下，然后动情地说："你太像我的女儿了，可是我的女儿……唉，我真想念她，你能不能对我说一声'妈妈，再见'？"小叶看了看老奶奶，觉得她很可怜，便说了声："好的。妈妈，再见。""唉，我的孩子，再见。"老奶奶大声说着走了。小叶买好东西刚要走，营业员叫住了她，对她说了一句话，把小叶气得直跺脚。

请问：营业员说了一句什么话？

158. 千军万马是多少

绘画课上，老师布置了一道题，要求学生以千军万马为内容作一幅画。大部分学生都在纸上密密麻麻地画了许多士兵和马匹，但老师看了都不满意。

小灵画完了，老师一看非常惊喜，称赞小灵是一位可造之才。可画上连一兵一卒都没有，只有一个马头，这怎么算是"千军万马"图呢？老师为什么赞不绝口呢？

159. 想吃鱼的说法

朱朱非常嘴馋，常常缠着爸爸要吃的。有一天，朱朱与爸爸上街经过一个餐馆时，又向爸爸要吃的。爸爸就把朱朱带到餐馆里，指着餐桌上的美味佳肴说："盘子里这条炸鱼，如果你猜得出是什么鱼，就买给你吃，用什么手段都可以，不过，不许问鱼的名字。"朱朱猜不出是什么鱼。但他说了一句话，爸爸不得不买鱼给他吃。

请问，朱朱说的是什么话？

160. 什么是谎言

心理学教授给学生上课时说："今天，我准备给大家讲'什么是谎言'。有关谎言的问题，我已经在我的一本学术著作《论谎言》中作了详细的介绍。你们谁读过我的这本著作，请举起手来。"

所有的学生都举起了手。

"很好"，教授接着说："对于'什么是谎言'，我们大家都有了切身的体会。"

请问：这位教授为什么这样说呢？

161. 巧带钢坯

张工程师到外国去考察，发现了一种钢坯，正是国内一种设备上需要的，于是他买下了钢坯准备带回国内。当他购买返程机票时，发现这个国家规定乘客随身所带的货物，长、宽、高都不准超过 1 米。而这根钢坯虽然直径只有 2 厘米，但长度却达 1.7 米，该怎么办呢？张工程师终于想出了一个绝妙的办法。第二天，钢坯果然被巧妙地带上了飞机，钢坯既没有被截断，又没有违反规定。你知道张工程师用了什么样的办法吗？

162. 吹牛人的尴尬

有个人非常喜欢吹牛，这天他见街上围了一大群人，不知道发生了什么事情，这个人十分喜欢看热闹，但他又挤不进人圈里，就问人们发生了什么事情，人们说发生了交通事故。这个人为了挤进人群，不加思索地大声喊道：

"我是伤者的家属，快让开，让我进去！"

大家赶快让开一条道路让这人进去。那人挤进去一看，不由尴尬得满脸通红。

猜猜看，这个爱吹牛的人怎么会脸红呢？

163. 做一做

有一位科学家闲来无事就做起了叠纸游戏，他把一张厚为 0.1 毫米的很大的纸对半撕开，重叠起来，然后再撕成两半叠起来。假设他如此重复这一过程 25 次，大家来猜一下这叠纸有多高？

A 像山一样高　B 像一栋房子一样高

C 像一个人一样高　　D 像一本书那么厚

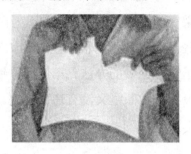

164. 不用钱买酒

　　有一个吝啬的人，雇了一个佣人，他想方设法盘剥这个佣人。有一天，这个吝啬的人把一个空瓶给佣人，叫佣人去打酒，却不给他一分钱。佣人向这个吝啬的人说道："老爷，你不给钱我怎么能够买回酒呢？"

　　这个吝啬的人气冲冲地说："用钱买酒任何人都买得回来，不用钱却买回酒，那才叫有本事啊！"

　　佣人回来了，这个吝啬的人见是空瓶子，于是就怒吼道："真是戏弄我，空空的酒瓶，我能喝什么？"

　　佣人笑了，随口说了一句话，这个吝啬的人哑口无言。

　　请问：佣人说的是什么话？

165. 孙膑妙计赛赢马

　　战国时期，齐国大将田忌经常与齐威王赛马，但常常输给齐威王。

那时，孙膑正做田忌的幕僚，他对田忌献计说："我看将军的马整体都比大王的马差，当然要输的。马分上、中、下三等，可以采用一个办法，保证能够三比二胜。"

于是，田忌采用了孙膑的办法。当再次与齐威王挑战时，果然以三比二获得了胜利。

请问：孙膑采用的是什么办法？

166. 水池共有几桶水

从前，一个国王听说有个孩子非常聪明，就想见识见识。大臣们把这个聪明孩子找来，国王就问他："王宫前面有个小水池，你说里面共有几桶水？"

这个孩子眨了眨眼，立即回答出来。国王听后，被孩子的聪明才智折服了，于是把他接进王宫进行专门培养，希望孩子长大后为国家贡献聪明才智。

请问：这个孩子是怎样回答国王的？

167. 小狗跑了多远

爸爸带着明明和小狗到公园去溜达，明明与小狗蹦蹦跳跳地跑在前面，过了 10 秒钟后爸爸才出门。爸爸刚出门，小狗回头看见了，就向爸爸跑来亲了一下爸爸的脚，又向明明跑去，跑去亲一下明明后又向爸爸跑来，小狗在爸爸与明明之间来来回回地跑着。假设小狗的速度为 5 米 / 秒，爸爸的速度为 2 米 / 秒，明明的速度为 1 米 / 秒。

当爸爸追上明明时，小狗一共跑了多少路程？

168. 海瑞智审窃贼

明代，有一个盗贼行窃后逃之夭夭。在逃跑时被一个过路人抓住了，窃贼就与这个人扭打起来，反说过路人是窃贼。被盗的人家在黑夜也难以辨别谁是盗贼。三方人员去找清官海瑞审判。海瑞看不出谁是盗贼，于是，他想了一个办法，让窃贼与过路人进行赛跑，由官府出发，看谁先出城门。待两人又回到官府后，海瑞严肃地一拍惊堂木，对后到城门者说："大胆狂徒，还不快快从实招来。"盗贼心虚，只好认罪。

请问：海瑞为什么认定后到城门者为盗贼？

169. 断开的风铃花

小帆是一个非常喜欢做手工的孩子，其中最喜欢做的就是折风铃。这一天，她折了6朵风铃花，用一根1米长的绳子每隔0.2米拴1个正好。可是她不小心用剪刀剪坏了一个，重新折的话又没有多余的塑料膜了。同时，还要保证0.2米拴1个，绳子不能剩。那么小帆该怎么拴呢？

170. 五颜六色请判断

有一位顾客，到一个服装店想买一套颜色称心如意的服装。服务员热情地问他想买什么颜色的服装。这位顾客挑来拣去后对服务员说：

"白色不如红色使人有兴趣，

蓝色不像绿色那样反感，

蓝色跟白色比较就宁可要白色，

红色不如黑色使人喜欢。"

这位顾客说完，服务员就拿出一套衣服，十分符合顾客的心意。

请问：这位顾客到底喜欢哪种颜色？

171. 哪一个考得最好

甲、乙、丙、丁 4 位同学，他们一起参加了数学智力竞赛。赛后，一位老师问他们竞赛情况怎样，4 位同学分别作了回答。

甲说："我考得最好。"

乙说："我不是最差的。"

丙说："我没有甲好，但不是最差的。"

丁说："我考得最差。"

4 位同学中，实际上只有一个人说得不对。根据他们的回答，你能把他们竞赛的成绩由高到低排列出来吗？

172. 巧打标点符号

从前，有一位非常穷困的书生，他到亲戚家去借钱，却碰上了阴雨天，没法回家，只好在亲戚家暂住。亲戚想赶他走，就在大门上写下："下雨天留客天留我不留。"亲戚的本意是：下雨天留客，天留，我不留。但没打标点符号。穷书生见了，心中窃喜，就用手指沾口水，在墨字上按了按，加上了标点。这位亲戚看了有口难言，心里面也非常佩服穷书生的文采，就把穷书生留下了。

请问：这位穷书生是怎样写标点的？

173. 奇瓶的容积

在一次试验课上，老师拿着一个奇形的瓶，他要求同学们以最快的速度算出这个瓶子的容积。同学们都争着为瓶子测量周长、直径等，然后快速地演算起来。小聪拿起这个奇怪的瓶子，他并没有用笔演算，就非常精确地得出了这个瓶子的容积，他的方法令老师和同学们大为惊讶。

请问：小聪用的是什么方法？

174. 谁做的好事

小张、小王、小黄、小新 4 个小学生做了一件好事。老师知道后，问他们是谁做的好事，小张说："是小黄做的好事。"小黄说："小张说得不对。"小王说自己没做好事，而小新却说是小张做的好事。

老师对他们做好事不愿留名的做法十分赞赏，但他知道只有一个同学说的是真话。究竟谁说的是真话？又是谁做的好事？

175. 10 元纸币遮住大镜子

同学过生日，红红想送点礼物，便向爸爸要 10 元钱。

爸爸随手摸出一张 10 元的纸币，用手举着对红红说："你先回答我一个问题，能不能用这张纸币，遮住那面大梳妆镜，让我看不到它呢？"

红红拿过钱，只用了一个非常简单的办法，就让爸爸看不到那面大镜子了。

你知道红红是怎样把镜子遮住的吗？

176. 错在哪里

小明在路上遇到一个喃喃自语的人，那人摇头晃脑地吟着诗句：

"天边，弯弯的月儿放光明，

光明的月儿好像银色的拱门。

拱门中，一颗孤独的星星在发亮，

好像夜行人手里提着的灯。"

小明问那人道："你叽叽咕咕地说些什么呀？"那人却骄傲地说："我吟的是描写农历月初夜景的美丽诗句，你小孩子哪里懂得。"小明眨眨眼却说："我懂，你这诗句里有错误。"说着，小明把诗中两处错误指了出来，那个诗人再也不敢骄傲了。

请问：小明指出了哪两处错误呢？

177. 推理想象

有一个立方体的六个面上分别写着 A，B，C，D，E，F 字母，根据下面四张图，推测一下 B 的对面是什么字母？

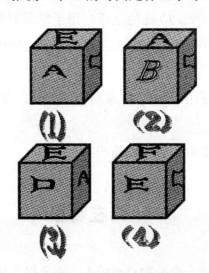

178. 怎样离开冰层

一场大雪，山川银装素裹，十分美丽。小明来到小河边玩耍，他在玩树上的一根冰时，突然失足摔在冰面上，滑到小河的中间。小河结了厚厚一层冰，冰面非常滑，小明既不能爬动，又无法翻身，要想离开冰面回到小河岸上非常困难。最后，小明想了一个办法，毫不费力地回到了小河岸上。小明想的是什么办法呢？

179. 农民有苦难言

有一位农民，他有一块很大的西瓜田，他怕别人偷西瓜，就在田边立了一块牌子，并写了一行字。

有一天，一个过路人看了牌子后，摘了两个大西瓜抱着就走。

农民说："站住，偷了我的西瓜还想走，回来看看我立的牌子上写的什么！"

过路人说："我看过了，我还没有找你要钱呢！"农民有口难言。

你能猜出摘瓜人说话的道理吗？

180. 两个数字的意思

几何考试评完分后，张老师气愤地走上讲台，将一大叠试卷重重地掷在桌子上，神色严肃地说："这次几何考试，大家考得太差了，只有 3 名同学及格。"

同学们都感到了问题的严重性，教室里顿时安静下来。

张老师说："我告诉大家，干任何事情都很不容易。我送你们两句话。"张老师说着在黑板上写下了"1111"和"1001"两个数字，却不是两句话。同学们都不知道什么意思。你知道是什么意思吗？

181. 能否摘到椰子

王伯伯、李叔叔和张阿姨乘船去探险，他们来到一座荒岛上。随身带的干粮吃完了。荒岛上只有椰子可以吃，可是椰子树很高。王伯伯说："我脚疼，爬不了树，你们爬吧。"张阿姨说："我不会爬树，李叔叔爬上树去摘椰子吧。"李叔叔皱着眉说："我能爬树，但是只要从高处往下看，就会头晕目眩。"

如果吃不到椰子，就很难生存下来。3个人苦想了一会儿，张阿姨突然叫起来："有办法了！"

你知道她的办法是什么吗？

182. 题目出错了吗

江老师喜欢给学生出思考题，一次她出了这样一道题："射手向靶子射了5支箭，成绩是37环。请问这37环是怎样射得的？"

同学们赶紧去算。算了一会儿，只听到玲玲举手说："老师，这道题是不是出错了？"冬冬则说："是不是少了条件？"

江老师笑着说："题目一点都没错，请大家再好好想想。"

既然题目没错，那么这个射手是怎样射的呢？

183. 16个圆点

游戏要求：请用 6 条直线一笔将 16 个圆点连起来。

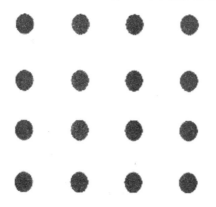

184. 怎样配对

　　3 个小伙子李文、王学、张东就要和 3 个姑娘袁春、于花、刘玉结婚了。小光最爱去打听别人的事了。他去问新郎新娘，到底是哪一个和哪一个相配。李文告诉他："我娶的是袁春姑娘。"小光去问袁春，袁春说："我嫁的是张东。"他又去问张东，张东告诉他："我要和刘玉结婚。"弄得小光莫名其妙，直到婚礼举行完之后，小光才知道，原来 3 个人说的都不是真话。

　　你知道哪一个姑娘嫁给哪一个小伙子吗？

185. 打针打在哪里了

丽丽身体瘦弱，经常生病，病了妈妈就带她去打针，而丽丽又是最怕打针的。今天丽丽又病了，妈妈还是照往常一样带她去医院打针。到了医院，丽丽进去打针，妈妈在门外等着。丽丽打完针，妈妈忙上前扶住她，关切地问："屁股又疼了吧？"

谁知这回丽丽却哭笑不得："不疼不疼，这次屁股不疼了。"

你知道丽丽这回为什么屁股不疼了吗？

186. 三人的关系

新上任的公安局长本事很大，刚上任不久就连破了3个大案。这位公安局长除了破案厉害，还是个下棋高手。最近又刚破了一个案子，公安局长想休息休息，就和一个老人一起下棋。正下着棋，5岁的儿子进来对公安局长说："我爸爸叫你回去，他有事找你。"公安局长站起来对老人说："爸爸，我有事先走了，咱们以后有空再下吧。"

你知道公安局长和那个老人的关系吗？

187. 6个字巧拼贴

你知道天下最奇怪的字画是谁作的吗？告诉你吧，是于佑任作的。

一次于佑任应邀到一个朋友那里去喝酒。于佑任一气喝了两三碗，喝得酩酊大醉。于佑任的字写得特别好，主人就乘机请他题一幅字。于是他醉眼朦胧，不假思索，大笔一挥，写下6个字："不可随处小便"。主人一看顿时傻了眼，赶紧收起来，等于佑任酒醒之后再拿给他看，于佑任不觉哈哈大笑，忙用剪刀将这6个字剪开重新拼贴。主人见了，赞不绝口，高高兴兴地珍藏起来。

于佑任到底是怎样把这6个字重新拼贴的呢？

188. 有几个错误

孔雀老师收了小熊、小狗、小猫、小兔、小狐狸5个学生。这5个学生当中就数小熊做作业不认真，又不动脑筋，而小狐狸是最聪明的一个。

一次孔雀老师出了这样一道题："马马虎虎的人会犯很多错误。如果不改正错误，还会继续犯错误，并且错误会一直犯下去。"问小熊："这道题中有几个错误？"小熊说这道题中没错误。小狐狸举起手说："孔雀老师，我知道这道题中有几个错误。"她把答案说了出来，孔雀老师直夸她聪明，说她是个善于开动脑筋的学生。

你知道题中有几个错误吗？

189. 吃了多少鸡蛋

李员外有几个很顽皮的儿子。一次李员外带他们到舅舅家里去玩。几个人一进门就嚷："舅舅，肚子饿了。"舅舅忙叫舅妈把仅剩的鸡蛋全煮了，拿来给他们吃。舅舅一看犯难了，说：“一个人一个，就多出一个鸡蛋，一个人给两个吧，又少了两个。这样吧，幺外甥多吃一个。”

其他几个兄弟可嚷上了：“不行，不行！一个也不能多吃！”

你知道李员外有几个儿子，舅妈煮了多少个鸡蛋吗？

190. 从哪一个门进去

古时候西方有个岛国叫荒唐国，这个国家有些稀奇古怪的事情。“难不倒”是个大旅行家，他来到了荒唐国。在一家饭店吃完饭，他想去上厕所。按照服务员的指引，他来到 3 间房面前，一看，3 个门上分别写着：“此门通厕所”“此门不通厕所”“第一个门通厕所”。

服务员告诉“难不倒”，上面 3 句话只有一句是真的，走错了门可就糟啦。结果“难不倒”不一会儿就进入了厕所，并且没走错门。

厕所该从哪儿进呢？

191. 怎么回家

杨婶婶说话很风趣。她有 3 个儿子，3 个儿子都娶了媳妇。3 个媳妇很久没有回娘家了，这天同时向婆婆提出要回去看看老爸老妈。

杨婶婶笑着说：“去吧去吧，都一起去吧。大媳妇去个三五天，二媳妇去个七八天，三媳妇去个半个月。你们同去同回吧，可不许误了日期。”3 个媳妇一听，都不知如何是好，只好去跟她们的丈夫商量。丈夫们一听笑了，都骂她们笨，然后告诉她们怎样回来。3 个人果然在同一天回来了。

你知道她们是怎么回来的吗？

192. 运动员会不会死

威尔是世界跳高名将，他能跳 2.4 米那么高。

威尔一次乘电梯时，由于电梯的缆绳断了，整个电梯厢快速地往下掉，情况相当危急。但是威尔却不怎么着急，他冷静地想：不要慌，只要在电梯厢着地的刹那间把握住机会，往上一跳，就不会跟地面撞击了。

就在电梯厢快要掉落到地面时，威尔猛力一跳。请你猜猜看，结果会怎么样。

193. 救了老板反得祸

有一个身家亿万的老板怕别人谋害他，就请了好几个保镖日夜保护他。一个夜间值班的保镖对老板说："我突然有一个预兆，请您今天不要乘去西班牙的 213 次飞机，否则会有生命危险。"

老板有点儿不相信他的话，但还是改了启程的日期。晚上的电视台报道，这天飞往西班牙的 213 次航班发生爆炸，乘客全部遇难。

老板十分庆幸，就问那个保镖是怎么回事。保镖很得意地告诉他："那个预兆是我做梦时得到的。"老板听了之后说："你被解雇了。"

保镖顿时张口结舌，不知道老板为何要解雇他。你知道吗？

194. 小牛是什么

树底下一头小牛被拴着鼻子，拴它的绳子只有 3 米长。离小牛 5 米外的地方有一个菜园，菜园子的园门开着。小牛想去吃园子里面的菜。它看看四周无人，就开始摇头摆尾，不一会儿就进到了菜园里面，把一园的菜吃了个干净，然后又出来了。

这头小牛是用什么办法进到菜园里面去的？

195. 会发声的气球

小明和小红一人拿着一只气球在玩。这时，小红将手中的气球吹好，并用细线将吹嘴扎紧。小明则把手中的气球吹嘴套在水龙头口上，慢慢注入自来水。当气球和第一个气球差不多大时用细线将吹嘴扎好。两个人分别将气球放在桌子上，把耳朵依次贴在两个气球上，并用手指轻轻叩响桌面听声音。这时奇怪的事情发生了，两只气球所传递的声音不同，装水的气球听到的声音更清晰，这是为什么呢？

196. 小狗听不懂

时下好多人喜欢养狗，有位富有的老板娘养了一条聪明伶俐的狗。老板娘为了把这条狗培育成世界一流的名狗，就把它送到美国一家著名的训狗场去。

半年多过去，小狗训练完被送了回来，随狗还附有一封信，写着："这只狗毕业成绩不错，只要你命令它，学过的动作它都会很好地做出来。"可是老板娘命令小狗，小狗一个动作也不做。

这是为什么呢？

197. 巧妙寄宝剑

王刚的好朋友林同来信说："听说你们那里有好宝剑，可否给我买一把寄过来？"王刚就到当地武术器材商店买了一把好剑，准备从邮局寄过去。

到了邮局才知道，邮局规定，凡是超过 1 米长度的物件不能邮寄，而王刚买的宝剑有 1.2 米。怎么办呢？总不能亲自给林同送过去吧？他想了半天也没结果，最后还是在邮局工作的朋友小张给他想出办法把剑寄了过去。

小张用的什么办法呢？

198. 成绩弄错了

期中考试的成绩公布出来了，小兰这次考得还不错。放学时老师把打印的成绩单装进信封里让同学们带回去给家长看。

回到家里，小兰妈妈拆开信封一看，脸上顿时现出不高兴的神色，问小兰："你这次语文考了多少分？"小兰说："89 分。"妈妈说："这成绩单上明明写着你的成绩刚过及格线 8 分，怎么撒谎？"小兰说："我们老师在班上宣布过的，我怎么会撒谎？"

妈妈和小兰争论了半天，后来才弄清楚了原因。

你知道是什么原因吗？

199. 大力士搬巨石

在一条两面是山的碎石子公路上，由于塌方，滚下来不少石头。养路工人紧急出动，清理这些石头。小块的石头都被搬走了，就剩下一块 1500 多千克重的大石头挡在路上。公路上堵起长长的一队车子。要是把这块巨石滚走，起码也要七八个小时，时间太长了；就是采用爆破的办法也要 3 个小时，还是慢。

正在没有办法之时来了一个举重运动员，他观察了一会儿，然后叫几个工人一起动手，没多久就把巨石问题给解决了，公路又畅通无阻了。

你知道大力士是怎么解决巨石问题的吗？

200. 赶快逃命

晶晶家住在农村，他们这里多的是松鼠和黄蜂，兔子也不少。晶晶家要建一座房子，爸爸和叔叔到山上去砍松树。他俩看中了一棵大松树，就准备锯断它。这可吓坏了树上的松鼠，因为它在树上搭了一个窝，并且准备要生小松鼠了。

怎么办呢？松鼠不愧是个机灵的小动物，它摘了树上的一个松果扔了出去。松果并没有打在晶晶爸爸和叔叔身上，可他们两个却吓得赶快逃走了。这是为什么？

201. 没有解决的问题

马爷爷今年85岁了，听力不好，大声叫他，他有时也听不见。家里有一部电话，因为他听力不好，电话铃响了他听不见，搞科研的儿子便给他装了一个信号灯，电话来时可以看得见。

尽管这样，家里人还是经常抱怨马爷爷误了不少事。这是什么原因呢？

202. 巧取爆米花

镇上来了一个爆爆米花的人，奶奶就用一些米去爆了一些回来。她怕孙女小芹一下子吃完了，就把爆米花放在一个罐子里，上面用米盖住。嘴馋的小芹知道了，嚷着要吃爆米花。

奶奶笑着说："小馋猫，你要吃也可以，但是有一个条件，那就是你不能用手或其他东西在罐子里把爆米花翻上来。如果你能用其他办法弄到爆米花，就随你去吃好了。"

小芹抱着罐子想了半天也想不出办法来。你有办法让她吃到爆米花吗？

203. 钟表游戏

明明新买了一只手表，回到家时发现手表比家里闹钟每小时要快 2 分钟，后来听广播时又发现家里的闹钟比电台播报的标准时间每小时要慢 2 分钟。请问哪种说法正确？为什么？

（1）明明新买手表的时间是准确的；

（2）明明新买手表的时间比标准时间要快；

（3）明明新买手表的时间比标准时间要慢。

204. 巧放鸡蛋

奶奶正在把鸡蛋装进玻璃瓶里，胖胖嚷着要奶奶给他摘葡萄。奶奶说："要我给你摘也行，但是你得给我把这些鸡蛋全都装进瓶子里面去，可不准弄破了。"

胖胖一看，那玻璃瓶很深，而瓶口刚好只能容得下一个鸡蛋进去。瓶子也不能放倒，因为这样也容易弄破鸡蛋。胖胖抓耳搔腮地想了半天，终于想出了一个好主意，不一会儿就把鸡蛋全装进了玻璃瓶里。

奶奶直夸他聪明，给他摘葡萄去了。

你知道胖胖的好主意是什么吗？

205. 神奇的刀法

今天是斤斤的生日，妈妈给他买了一个很大很大的蛋糕，斤斤邀请了一群小伙伴来给自己庆祝生日。

斤斤点了一下人数，总共是 8 个人。斤斤说："这里有 8 个人，那么蛋糕要切成 8 块，也就是要切 3 刀。"文文却说："不用切 3 刀，我只要两刀就解决了。"

大家正在发愣，只见文文拿起刀就开始切蛋糕，两刀就切成了 8块。大家不得不佩服他的刀法。

你说文文的刀法神奇在哪里？

206. 是美女还是丑女

古时候有个员外，员外有个儿子，今年 20 岁了。员外央人给他儿子说一房媳妇。不久就有了回音，是一封信。信这样写着："人才十分丑陋全无一双好脚。"古代人书写不加标点。员外看了十分高兴，就准备接受这门亲事。但是员外的老婆看完信，却不同意这门亲事。

这到底是怎么回事？

207. 简单分骆驼

有一个富人养了 17 头骆驼，他有 3 个儿子。儿子们都长大了，

159

各自要成家立业，富人便把家产分了。这 17 头骆驼大儿子得 1/2，二儿子得 1/3，三儿子得 1/9，剩下的归富人自己。这下可麻烦了，按照这种分法，骆驼只好宰了来分。

正在没有办法的时候，有个骑着骆驼的老人过来了。当他知道富人正为分财产犯难时，就爽快地答应为他解决难题。不一会儿，老人就为富人把 17 头骆驼公正地分给了他的 3 个儿子，然后又骑着骆驼走了。

老人用什么办法解决了富人的难题呢？

208. 谁在吹牛

有两个学生喜欢吹嘘各自的老师是如何优秀。这天他们俩又碰在一起吹嘘开了。

一个说："我们老师的水平很高，他教我们数学，可以背下圆周率小数点后 100 位数字。"

另一个说："我们的老师从来不用 8 以上的数字，只用 1 到 7 这 7 个数字，但他一样全国闻名。"

到底哪个学生在吹牛？

209. 诗人吟错了

杨百万除了有钱，还喜欢结交诗人。今天是重阳节，他准备了一桌丰盛的筵席，邀请了一位大诗人到家里来过重阳节。

酒喝到尽兴时，诗人诗兴大发，立刻对着弯弯的明月吟了一首诗：

"明净的天空中挂着一只小船,

小船的两头弯得就像两只牛角。

牛角里有一颗闪亮的星星,

仿佛就是东方不灭的明珠。"

杨百万的儿子听了说:"大诗人吟错了。"

怎么会错了呢?

210. 认出假铜牛

公安局获悉有一个假文物贩卖者在扰乱文物市场,公安人员前往捉拿。

到了文物市场,公安人员见几个摊主正在和顾客讨价还价。一个摊主出售的铜马上写着"洪武十年造",一个摊主出售的铜牛上写着"公元前一百八十年造",一个摊主出售的铜羊上写着"乾隆十九年造"。

公安人员很快就逮住了扰乱市场的假文物贩卖者。你知道是哪一个吗?

211. 爸爸到底做什么

木木的爸爸胃不好,老是闹胃病,害得妈妈老是担心他出什么事。

今天木木下班回来,妈妈又叫他到医院去接爸爸。木木开着车到了医院，值班医生告诉他说："你爸爸正在做手术。"

木木听了说："不要紧的，那我就再等他一会儿好了。"木木一点儿也没有显出担心的样子。

你知道木木为什么这样吗？

212. 生肖怎样联系

王老师这堂课在教同学们成语。王老师说："我们今天就用十二生肖来复习成语。请同学们说一说有关十二生肖的成语。"有的同学说："鼠目寸光、对牛弹琴。"有的说："狐假虎威、狡兔三窟。"有的说："龙飞凤舞、马不停蹄。"

王老师说："同学们说得都不错，但有哪个同学能用一个成语同时说出两个生肖和用一个成语同时说出 4 个生肖吗？"这下可没几个同学能说得出来了。

你能说得出来吗？

213. 奇怪的牛

羊老弟和牛大哥一起到草地上吃草。吃完草，他俩回到棚里，牛大哥和羊老弟住在一起。

过了几小时，羊有些饿了，想出去再找点草吃。他准备叫牛大哥一起去，可一看牛大哥嘴里还在一动一动地嚼着什么东西。羊老弟就问："牛大哥，你在吃什么？"牛大哥说："吃草啊。"羊老弟奇怪地问：

"这儿没有草啊？"牛大哥说："这是我们的秘密，可不能告诉你。"

你知道牛的秘密吗？

214. 扑克牌点

桌子上放有 8 张已经编过号的纸牌，不过是扣在上面的，它们的位置如下图所示。

在这 8 张牌中，只有 K、Q、J 和 A 这四种牌。其中，至少有一张是 Q，Q 都在两张 K 之间，至少有一张 K 在两张 J 之间，没有一张 J 与 Q 相邻，只有一张 A，没有一张 K 与 A 相邻，但至少有一张 K 和另一张 K 相邻。你知道这几张牌是如何排序的吗？

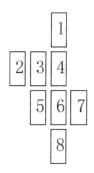

附：答案

1. 如下图所示：

类别＼组别	杨树（棵）	柳树（棵）	合计
第一组	500	860	1360
第二组	600	300	900
第三组	300	700	1080

三个小组的平均植树情况为：

第一组：1360 棵。第二组：900 棵。第三组：1080 棵。

2. 只需要把这四盏灯，吊成一个"正三棱锥"形式就可以了，

如下图所示：

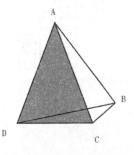

3. 我们可以先画出如下图所示 5 个房间：

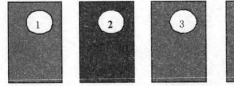

方法1：五个房间不上锁，每个人都可以进入各自的房间。

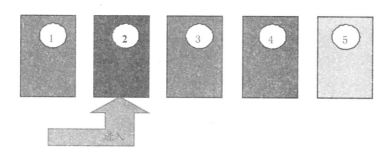

方法2：每人各保留自己的房间钥匙一把，另外一把放在另一位小朋友的房间里。这样，就可以用放在自己这边的另一把钥匙A，打开其中一位小朋友的房间，再利用这位小朋友房间的另一把钥匙B，打开另一位小朋友的房间……以此类推，就可以进入每个房间了。

4.这两套图形具有某种相似性，也存在某种差异。带"?"的图形为：

5.11个球在塑料管子中的排列方式如图①所示，要想使其排列顺序成为BBAAAAABBBB，只需要把这根塑料管子对接并让两个橙色球倾斜至另一端如图②所示，伸展开来塑料管内的球就成了如图③所示的排列方式了。

图①

图②

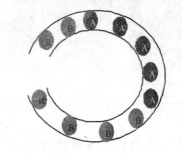

图③

6.由图 1 可知图形是顺时针旋转，并且三角形内的短线相应增加了 1 条。那么图 2 缺少的图形应该为：

7.排位方式如下图所示：

共有 4 种排位方式。

8.如图所示:

小宁只需要将右上角那个正方形的 3 条边分别移到上中下 3 个空缺处即可。

图中总共有 7（小正方形）+2（大正方形）=9（个正方形）

9.只要按照如图的方式搭桥,甲就可以顺利过河了。

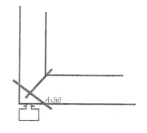

10.要想变成三个正方形,如下图所绘即可。

11.如图所示:

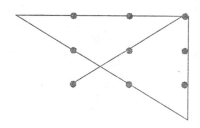

12.图 1 所代表的是张庄和李庄原有的图形。

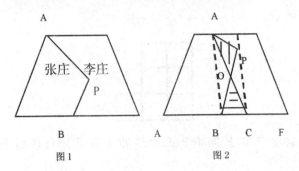

图1　图2

图2中，过点P作AB的平行线交EF于C，连AC，则AC即是路线图。

13. 如图所示：

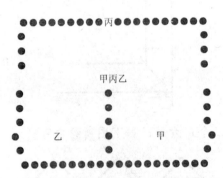

14. 答案：

15.首先判定在四个人排成的一行中，高个、白皙、消瘦、英俊者的可能位置。然后判定每个男人的全部可能特征。最后辨出只有具有高个、白皙、消瘦、英俊四个人特征中的一个男人。

根据①，高个男人必定站成下列形式之一（▲代表高个男人）：

▲▲▲▲ 或 ▲▲▲_ 或 _▲▲▲ 或 _▲▲_

根据②，白皙男人必定站成下列形式之6-（☆代表白皙男人）：

☆☆__ 或 ☆ - ☆☆ 或 ☆☆ - ☆

根据③，消瘦男人必定站成下列形式之一（↑代表消瘦男人）：

↑ - - ↑ 或 ↑ - ↑ - 或 - ↑ - ↑ 或 - ↑ - - 或 - - ↑ -

根据④，英俊男人必定站成下列形式之一（◇代表英俊男人）：

◇ - - - 或 - - - ◇

根据⑤，并根据①，上述特征中的一部分可以给这四个男人分派如下：

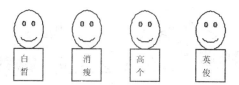

接着，根据②，部分特征的分布必定是下列三种情况之一：

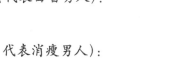

Ⅰ白皙消瘦高个英俊、高个、白皙

Ⅱ白皙消瘦高个英俊、高个白皙、白皙

Ⅲ白皙消瘦高个英俊、高个白皙白皙

然后，根据③和⑥，只有在Ⅰ和Ⅲ中，第四个男人可能还是消瘦的；而且在Ⅰ、Ⅱ和Ⅲ中，不会再有其他男人是消瘦的。再根据①和⑥，只有在Ⅰ中，第四个男人可能还是高个子，而且只有当第四个男人不是消瘦的时候这种情况才能发生；在Ⅰ、Ⅱ和Ⅲ中，不会再有其他男人是高个子。此外，根据④，不会再有其他男人是英俊的。

因此，完整的特征分布必定是下列情况之一：

第一个男人　第二个男人　第三个男人　第四个男人

Ⅰa白皙消瘦高个英俊、高个、白皙

Ⅰb白皙消瘦高个英俊、高个消瘦、白皙

Ⅰc白皙消瘦高个英俊、高个高个、白皙

Ⅱ白皙消瘦高个英俊、高个白皙、白皙

Ⅲa白皙消瘦高个英俊、高个白皙白皙

Ⅲb白皙消瘦高个英俊、高个白皙白皙、消瘦

根据⑦，可排除Ⅰa、Ⅰb、Ⅰc和Ⅱ。Ⅲa和Ⅲb显示：目击者指认第一个男人是罪犯。

16.若想裁剪这块地毯，就只能把等腰三角形翻过来才能和原来形状一样，所以裁剪方法如图所示。先作一条垂线，然后分别连接两腰的中点，这样才能分成四份，构成了四个等腰三角形，然后分别翻过来，放在房间的对应位置上，缝起来即可。

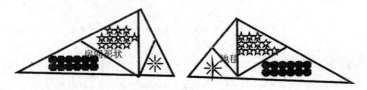

房间形状　地毯

17.以下所绘就是甲所走的路线图。

18. (1) 若将十字架图形分成 4 块，所绘出的一个正方形如图：

(2) 若将十字架图形分成 3 块，所绘出的一个菱形如图：

 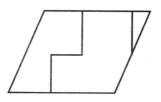

(3) 若将十字架图形分成 3 块，所绘出的一个长方形，并且长是宽的 2 倍如图：

19. 如下图所绘，只要把三个角的笑脸分别移动到圆圈的位置就可以了（图中苦涩的笑脸代表所移动的位置）。

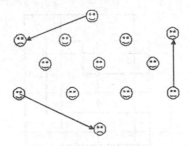

20.除了甲某所放的 *2* 个黑子外，最多只能放下 *10* 个白子，方法如图所示：

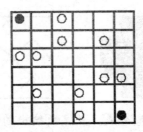

21.如图所示：中间一点为菜园的中心，在菜园的左侧有四个黑点则代表四棵果树。

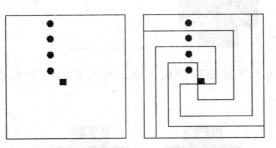

22.物体所受重力的大小，取决于地球对物体的吸引力。地球对同一物体的吸引力，在地球表面的不同地方，实际上是不完全相同的，它随着离地心距离的大小而改变。距离近了，吸引力就大些；距离远了，吸引力就小些。据科学计算，在两极地区物体的重力，要比赤道附近大 *0.53%*。如果在南北极称 *1* 千克的东西，运到赤道附近时，就只有 0.9947 千克了。同时，物体重力还同地球的自转速度有很大关系。在南北极，基本上不受地球旋转的影响，所以地球引力最大；在赤道附近，受地球旋转的影响最大，地球引力减小。基于以上原因，那商人将 5 000 吨青鱼从北极附近的阿姆斯特丹运到赤道附近的马加的海港，自然就减少 19 吨。因此，偷鱼贼不是别人，而是"地球引力"。

23. 第一次在天平的两边各放上一红一白及一蓝一白的棋子，如果是平行的话，便知道每边都是轻重各一。第二次留下两枚白子作比较，就可以区别出哪枚白子是重子。从而也会知道，刚取下的一个红子和蓝子，哪个是重子，哪个是轻子。

如果第一次不平行，沉的一边的白子一定是重子。记住它并把两枚白子移到一边，一红一蓝则移到另一边，进行比较。这时会出现三种可能：

其一：白子那边往下沉，则红蓝二子都是轻子；

其二：两白子轻，则红蓝二子是重子；

其三：平行，则一红一蓝二子中，在第一次处下沉的一边那一枚是重子，而另一枚则是轻子。

24. 从图中可以看出，小刚脚下的地是干的，而小花脚下的地已经湿了，所以小刚是先到的。

25. 从图中影子的变化可以看出小偷偷了东西。

26. 小偷是从窗外进来的。因为开窗时，外面的风把桌上的纸吹到了地上。

27. 这四人是在玩二人三足比赛：阿一和阿四一组，阿二和阿三是另一组。

28. $(4 \times 4 + 4) \div 4 = 5$

$(4 + 4 \div 4) \times 4 = 20$

$4 \times 4 + 4 + 4 = 24$

$(4 + 4) \times 4 - 4 = 28$

$(4 \times 4 - 4) \times 4 = 48$

$4 \times 4 \times 4 + 4 = 68$

29. 两个女孩一样大，都是六岁。

30. 在镜中照见的物体都是左右相反的。数字中除0外，只有1和8在镜中照出来的仍旧像1和8，于是知道鸡和鸭的积一定是81，因为81在镜中照出来的是18，正好是9+9。由此可知，小敏家里养的鸡和鸭各是9只。

31. 原来由地下至六楼，实际只有五层；由六楼至十二楼，则有六层，故此需要48秒。

32. (1) 两个罐都没有橘汁流出来，说不上哪个快。因为一定要有外面的空气进入罐里，橘汁才能流出。

如果只有一个孔，外面的空气进不去，罐里的橘汁也就出不来。即使有两个孔，如果挨得比较近，空气同样不能进去，因此橘汁照样流不出来。要使橘汁顺利地流出，两个孔必须隔远些。斜着倒，让一孔进空气，另一孔出橘汁。

(2) 斜着倒得快。斜着时外面空气比较容易从瓶口进入瓶里，水容易流出来。

(3) 瓶子开了孔以后，进入瓶里的空气比斜着的瓶多，所以水流得快。

(4) 这道题可以用塑料瓶做试验。

33. 用一把尺迅速地击打卡片，使卡片从杯子上飞出来。由于惯性的作用，鸡蛋会落到杯子里。

34 如图：

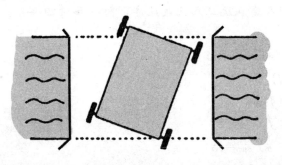

35.B提的东西重。A提的最轻。

36. 第 1、2、4 支箭能射中靶心。

37. 只剩下两名乘客。

38. 将一根点燃的火柴放入牛奶瓶之内，然后再将鸡蛋放在瓶口。由于物体在燃烧时会消耗氧气，因此瓶内的空气便会变稀薄，使瓶外的空气流入瓶内，而放在瓶口的鸡蛋就会被流入的空气推落瓶中。

39. 梯子一共有 23 级，即（3 + 6 − 2 + 7 − 3）× 2 + 1=23。

40. 兄弟 3 人各自赶 1 ~ 2 只羊，分别通过关卡，所以一只羊也未损失。

41. 王先生既然拿出三个馒头，即手上握着三个馒头。

42. 分配子弹后，三个猎人共消耗了 20 发子弹。此后，三个所剩的子弹总数和分配时每人所得的子弹数相同。假如 8 为子弹的总数，减去 12 粒后，仍等于子弹总数分给三人的数量。故公式是 x − 12=x/3，x=18。

43. 从表面来看，两个鸡蛋所处的状况似乎是不同的，一个不动，一个在运动。其实，要讲一个物体在运动，都是相对而言的，也就是说，至少要有两个物体的相对位置在变化。所以从这点看，我们说两个鸡蛋是在相互接近，它们所处的运动状况是相同的。

因此，二者被碰破的可能性是一样的。

44. 石头受到铁锤打击，向下运动，然后才挤压肚子。石头很重，因而保持静止状态的惯性很大。同时，因为石头的面积比较大，又把力量分散了，所以那人的肚子不会被砸坏。若是压在肚子上的石头又小又轻，情形就完全不同了。铁锤砸下去，石头会猛烈冲击肚子，躺着的人一定会受伤，甚至有生命危险。

45. 光速每秒 20 万千米，子弹速度约每秒 1 千米 ~ 2 千米，而声速为每秒 1/3 千米。可见最先发觉有人开枪的是聋人，其次是睡着了的人，最后是盲人。

46. 先找出他们相隔日子的最小公倍数，即是他们要经过 48 个星期才会相会。分别之时是 1 月 1 日，48 个星期后便是 12 月 2 日。

47. 右边的那块是玩具，从它的指针便可以分辨出来。它的分针那样长，在表盘上是走不过去的。

48. (1) 壶把，(2) 叶子，(3) 斧头，(4) 吊环，(5) 汽筒，(6) 躺椅，(7) 荡板，(8) 水桶底。

49. 帆船前进的方向和风的方向相反。这样行驶，不但不能前进，而且会后退。

50. 一百位读者中有九十九位也会说："两人同时回来。"但事实上却不然。

在流动的河水中划艇，若是顺流，当然可减少不少气力及时间，但所缩短的时间却不是弥补在逆流时所增加的时间。所以，在河里划船的运动员要比在静水中划船的运动员迟回到出发点。

51. 在三角形的那组图形中，外边三角形中的 3 个数相乘，再除以 2 就得到中间三角形的数字，因此，$3 \times 4 \times 6 \div 2 = 36$。在圆圈的那组图形中，小圆圈中的 3 个数相加，再乘以 2，就得到大圆圈的数，因此 $(5+6+9) \times 2 = 40$。

52. 按下列次序搬枕木 $5 \rightarrow 1$，$6 \rightarrow 1$，$9 \rightarrow 3$，$10 \rightarrow 3$，$8 \rightarrow 14$，$4 \rightarrow 13$，$11 \rightarrow 14$，$15 \rightarrow 13$，$7 \rightarrow 2$，$12 \rightarrow 2$。

53. 设：玲玲的年龄为 x，晶晶的年龄为 y，则黄老师的年龄为 $10x+y$。根据题意可列出方程：

$10x+y=2xy$，

因为 x 不等于 0，则原方程两边同除以 x 后，得

$10+y/x=2y$，

令 $y/x=z$，这样原方程变成一个二元一次不定方程

$10+z=2y$。

因为，10 和 2y 都是整数，

所以，z 也是整数。

因为，x 和 y 都是正整数，且 $y=xz$，

所以，y 也一定是 z 的整倍数。

根据上述条件，适合方程 $2y - z = 10$ 的解只有

$$\begin{cases} y=6 \\ z=2 \end{cases}$$

因为，$x = y/x = 6/2 = 3$

所以，原方程的解是

$$\begin{cases} x=3 \\ y=6 \end{cases}$$

即：晶晶 6 岁，玲玲 3 岁，黄老师 36 岁。

54. 因为太阳光中的紫外线，能晒黑皮肤，但紫外线不能透过玻璃。所以，方方躺在屋里的玻璃窗前晒不黑。

55. 用开水浇的一堆火先熄灭。开水碰着燃烧的物体，一下子就吸收了大量的热。这些热量很快就随同蒸气散发掉了。所以，开水很快就使火灭掉。冷水碰到燃烧的物体，先要吸收热量使水变热，然后才能变为气体蒸发。所以，冷水不如开水灭火快。

56. 把三只杯子分别称为 A、B、C。先把牛奶（下称甲瓶）倒满 A 杯和 B 杯，再将可可（下称乙瓶）倒满 C 杯。接着把 C 杯的可可倒入甲瓶，再把乙瓶里的可可倒满 C 杯。第三步是把 A 杯的牛奶倒入乙瓶，然后将乙瓶的混合饮料倒满甲瓶，这时乙瓶正好还可装两杯饮料，即 B 杯的牛奶和 C 杯的可可。这样，招待员便可将两瓶饮料调配成牛奶和可可各占一半的混合饮料。

57. 游客只要问："你是否住在这个城？"就可知道路人的身份。如果是北区居民，他会给出肯定回答，而爱说谎的南区居民则会给出否定回答。

58. 驮东西是费力的，因为既要把物体举起，又要把物体带走。拉二轮车省力多了，可是还是抬着车子的一端。拉四轮车最省力，因为马不用花力去举起物体，只要把车子拉动就行了。

59. 先拿起第 2 只杯子，把水倒进第 7 只杯里；再拿起第 4 只杯子，将水倒进第 9 只杯子。

60.首先我们要考虑的是行驶中的列车车厢中的空气流速与车外空气流速的快慢问题。究竟是哪一方有较快的气流呢？不用说当然是车厢外有较快的气流。了解此点后，我们便可以肯定纸杯会被吹出车厢外的。因为气流越快的地方，气压则会越低，而空气流动的方向是由高气压流向低气压的，故纸杯便会被拉出车外。

61.梨11个，橘子7个。

62.第1个和第2个代销店各分得：满桶3个，半桶1个，空桶3个。第3个代销店分得：满桶1个，半桶5个，空桶1个。

63.拿出小冰块并不难。先把绳子放在杯子里浸一浸，然后把它横放在小冰块上。接着用汤匙舀一些盐，撒在绳子两旁，不一会绳子便被冰块冰牢，于是你只要捏住绳子的另一头，就可以把小冰块从杯子里面提出来。

64.氢气轻，必须装在口朝下的瓶子里。二氧化碳重，要装在口朝上的瓶里。所以那位女同学说得对。

65.是丁打碎的。推理如下：在假定是某人打碎玻璃前，先看看谁在说真话，因为此人的假定必然是成立的。具体的推理过程如下：

(1) 假定是甲，说真话者是乙、丙及丁；

(2) 假定是乙，说真话者是丙和丁；

(3) 假定是丙，说真话者是甲和丁；

(4) 假定是丁，说真话者只有丙一人，所以玻璃是丁打碎的。

66.有A、O、N、M、B、W、V、K、E、H等10个字母。

67.共扔了9块石头。

68.把整瓶水放入冰内凝固。由于水凝固后，体积会比原来增大一倍，因此便会把玻璃挤破。

69.聪明的邻居从自己家牵来一头牛，这样变成了18头。其一半为9，其三分之一为6，其九分之一为2。长子为9头，次子得6头，幼子分得2头。9+6+2=17，还剩下邻居那头，仍旧牵回家。

70.猫能吃到肉。猫和狗的速度本来是一样的，但是在去的100米里，猫是一步2米，100米需50步，返回时仍需50步。而狗一步是 3 米，跑 33 步才达 99 米，跑 100 米还差 1 米，这样还需再跑一步。就是说在第一个 100 米的比赛中，狗去时需跑 34 步，返回时仍需 34 步。因此，在 200 米的来回中，狗要跑 68 步，这相当于猫跑 102 步的时间，而猫来回只需跑 100 步，所以猫便获胜了。

71. 汽车走了 110 千米。另一个路标的数字是：16061。

72. "罪魁祸首"就是柜中的樟脑丸。

樟脑有一种特别的本领——能够升华，就是说，它能直接从固态变为气态溜到空气中去。化为气态的樟脑分子是无孔不入的，它轻而易举地钻进了文具盒，并不断和赛璐珞制品融为一体，日子久了，便使三角尺等失去了本来面貌，变成了蜡一样的碎块。

文具盒附近的毛巾变黄霉烂，是因为赛璐珞在熔化过程中，已有部分变质而分解，放出了一些硝酸。硝酸腐蚀了毛巾中的纤维素，因而毛巾也就跟着变黄和霉烂了。

73. H 离岸最近。

74. 那只鸟已被猎人打下来，猎狗正在追呢。

75. 在画三角的地方找，即可找到小姑娘的伙伴。

76. 因为在这条山道之中，有一条只容一人通过的古老吊桥，每人每次过桥的时间是 30 秒。因此，每多一人经过这条山路时，便会多耗 30 秒钟。

77. 当时小明是站在富士山山顶或类似的高地上，由于雨云的高度一般低于富士山顶或类似高地，所以尽管在小明的四周下着倾盆大雨，他的头顶却是一片晴空。

78. 对第二列列车上的旅客来说，第一列列车的移动速度是 45+36=81 千米／每小时，即等于

$$\frac{81 \times 1000}{60 \times 60} \text{米} = \frac{45}{2} \text{米／每秒}$$

因此，第一列列车的长度为 $\frac{45}{2}\times6$=135（米）。

79.
$$
\begin{array}{r}
8+7+6+5+4+3+2+1=36 \\
-\ 1+2+3+4+5+6+7+8=36 \\
\hline
7+5+3+0+8+6+4+3=36
\end{array}
$$

80. 老鼠从视线中消失，是因为人们的眼睛中有一个盲点。当老鼠恰好处在盲点的位置上时，你就看不到它了。

81. 地球是圆的，两架飞机，一架向东飞，一架向西飞，最后就会碰到。

82. 这只熊是白色的北极熊。因为只有在北极，从极点出发才会在各个方向上都是指向南的。设 O 是北极的极点，OA、OB 和弧 AB 的长度都是 1 千米（因为是在地球上，所以 AB 是弧）。杰列金就是从 O 点向 A 点跑，再从 A 点跑到 B 点，然后从 B 点跑回 O 点。南极是不是也这样呢？请你自己想一想。

83. 把这幅画倒过来看，你会在图画的左边找到 1 只羚羊。

84. 海豚在树枝与鸟儿之间。

85. 如图：

86. 只要用那枚多出来的硬币再买一个蛋糕回来，便可解决问题。

87. 山高 600 米，加上人高已不止 600 米，所以鸡蛋掉下 600 米时，离地还有一个人的距离。鸡蛋还在空中，所以还是好的。

88.这个题小刚是利用中间项乘以项数等于总和的道理解出来的。从1到15，中间项为8，8×15=120（人）。

89.这列火车是由连云港开往兰州的。在图上有一块地方的积雪还没有融化，可以肯定这个斜坡是朝北的。辨别出北方后，就可以判明火车是由东向西行驶的。

90.星星并没躲到地球背面去，因而太阳离我们最近。而且阳光非常亮，掩盖了其他微弱的星光，于是白天我们就不易看到星光。

91.（1）马的四肢活动范围比较小，它要止痒，只能用尾巴来拂打，或抖动皮肤，而不是用脚。

（2）牛的乳房位置和猫等动物不同，它要喂乳，必须立着。

（3）猪的鼻子生来就是为了拱东西的，不能给它穿鼻绳。

（4）把雄狗特有的习惯画在猫身上了。

92.（1）稻是靠风传播花粉的，所以蜜蜂飞到稻上去就错了。

（2）鹅是不吃鱼的。

（3）蝌蚪大多在春天生长，现在是夏天，所以不会有蝌蚪。

（4）荷花的叶柄是生在叶片当中的，叶脉应该由叶片当中向四周分布。

（5）向日葵应该向太阳。

（6）蝙蝠要在晚上才出来。

（7）雁要在秋天以后才来。

（8）太阳和虹的方向应该相反。

（9）风吹柳叶和帆篷的方向应该一致。

（10）农民伯伯车水，是要把河里的水车到田里去。画里把水车到河里来就错了。

（11）两个小朋友的影子应该往后画些。

93.因为每个车站有来回两种不同的车票，两个上车站应有两种票，三个车站应再增加4种票，增加第四个车站时应增加6种票，依此类推，如

车站数　2　3　4　5　6　7　8

每个站比原来车票增加种数 2　4　8　10　12　14

因为增加的车站不止一个，即至少增加了 2 个，而车票增加了 26 种，从以上数字看，只有增加第七、八两个车站时，增加的票数加起来刚好是 26。由此可知原有 6 个站，增加了 2 个。

93. 由于每个人都看不到自己头上戴的那顶帽子，因此如果设男孩有 x 个，女孩有 y 个，那么对每个男孩来说，他看到的是 x − 1 顶天蓝色帽子和 y 顶粉红色帽子；对每个女孩子来说，她看到的是 x 顶天蓝色帽子和 y − 1 顶粉红色帽子。于是根据已知条件有：

x − 1=y，x=2（y − 1）。

解这个方程组，得 $\begin{cases} x=4 \\ y=3 \end{cases}$

即男孩子有 4 个，女孩子有 3 个。

95. 前排左起第一个和第三排的第一个是一模一样的。

96.1、3 完全一样。

97.1 和 3 相同。

98. 玛丽切出 22 块。因为题目只要求切的块数多，至于每块的大小并未限制。只要每 1 刀交叉的线较多，切的块数也越多。要想切的块数最多，必须遵守两条规则，即不应该有两条互相平行的刀痕，也不应该让 3 条刀痕共点。

99. 有三个角、四个角、五个角（见图）。

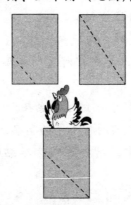

100.因为左手里的蚕豆不论是单数或双数，乘2以后都是双数。右手里的蚕豆如果是双数的话，乘3以后仍旧是双数（如果是单数，乘3以后就是单数）。两个双数相加应该是双数。但是小英算出来的是43，所以知道他右手里的蚕豆是单数。

101.答案：机长用斧头将飞机驾驶舱的门劈开后，才平安度过了一场灾难。

102.答案：把竹竿移到附近的井口，把它放到井里去，就可以取到竹竿上的好酒了。

103.答案：弟弟把大坛子敲碎，装进小坛子里面。

104.答案：他把路牌竖起来，将指向B地的箭头指向自己来时的方向，自然就可以找到去A地的路了。

105.答案：小凡还有498本书，除了2本书被小妹妹弄丢了外，小明和小刚借去的仍然是他的。

106.答案：打断放啤酒瓶的桌子的一条腿即可。

107.答案：共有52条路。

108.答案：将纸随意折叠，再将B部分折过去与A部分边缘并拢即可。

109.答案：最少可以切一块，就是不切。

110.答案：因为富翁贪婪，所以肖伯纳便指着那只假眼说："你这只眼睛是假的，因为它里面还有点儿仁慈。"

111.答案：放也由你，不放也由你。

112.答案：硬币在水之下，水银之上。

113.答案："不会输"输定了。因为确有这样的怪物，它就是跷跷板。

114.答案：首先，1 986的1 986次方＝（3×662）的2次方×1 986的1 984次方＝9×662的2次方×1 986的1 984次方，也就是说1 986的1 986次方是9的倍数。能被9整除的数有个性质，就是其各位数字之和也能被9整除，就是说A、B、C也都是9的倍数。其次，我们知道，一位数中最大的是9，二位数中最大的是99，那么6 550

位数中最大的数应是 6 550 个 9，它所有数字的和是 6 550×9，也就是 58 950。显然 A＜58 950，也就是说数字 A 最多只有 5 位。同理，B＜45，可见数字 B 最多只有 2 位，那么 C 一定小于 18。所以 C 一定等于 9。

115. 答案：盗马贼改口说："右眼看不见。"老人把右眼也放开，原来右眼也是好的。盗马贼慌了要跑，就被老马夫叫人把他抓住了。

116. 答案：一共 23 级。即 (3+6 − 2+7 − 3)×2+1=23。

117. 答案：在一个连续四次跳跃中，狮蚁似乎刚刚跳完一次。它正面向北方，然而它是侧着身子跳向东边。因此，它必须继续向东跳三次，然后向西边跳一大步以取得食物。

118. 答案：鲁班走后，大家围着小徒弟询问原因。小师弟说："师傅要大家用梓木做三日，做得精。'梓'是'字'的谐音；'精'是'晶'字的谐音；做三日，正是'晶'字啊。"

119. 答案："2 809"移动两根火柴能得到的最大的数是"281 191"，最小的数是"11"将"0"上下的两根火柴移走，变成"11"。

120. 答案：在第三天傍晚时分，两个汉子抬了一箩面粉，来到堂上，在印桌旁停下。一个人向衙役说："这面粉是老爷太太叫送来的。"另一个人拿起桌上的印包说："这包的是啥玩艺儿？"

衙役一见，猛喝道："放下。"

那人吓得手一颤抖，县印掉到面箩里去了。

那人赶快从面箩里把印拿出来，吹吹粉屑，放到原处。抬起面，按衙役指的路走了。

这一夜，又平安无事。第四天一早，简知县便升堂，正要派衙役传刘之智，刘之智已来到堂下。

简知县说："刘之智，我的官印还在，你还有什么话说？"

刘之智说："堂上摆的那个是假的。"

简知县打开印包一看，是个黄泥做的印坯，大惊失色。原来，那晚印包落到面箩时，刘之智已把它"掉包"了。简知县连忙走下公案，向刘之智拱手道："先生果然有见识，本领高，请海涵。"

刘之智哈哈一笑，从荷包里掏出真印还他，说："往后，还请父母官少出馊点子。不然的话，你吃不了，兜着走。"

121. 答案：行人听说隆胜居花万两纹银买了块破石头，一传十十传百，看热闹的人越聚越多，把马路挤得水泄不通。亏得隆胜居老板想得周到，预先请了衙门里的公差开道，才得以运回，隆胜居一夜之间名满全城，妇孺皆知，成了响当当的字号。如此一来，隆胜居生意兴隆，三个月不到，老板竟净赚二万两银子。

122. 答案：

1）正确剪法：

（1）先将正方形沿对角线的两个角交叉对折压出印。

（2）以对角线的中心为圆心，以到纸的边线为半径，画一圆。

（3）画好圆后，方纸对折一下，将半圆五等分。

（4）然后以圆心为顶角，沿五等分虚线将纸一正一反折叠，最后成为一个由 10 层纸组成的锐角。

（5）最后用剪刀沿虚线剪下，即成为五角星。

2）正确剪法：

（1）先把正方纸对折，然后再对折成一个正方形。

（2）将正方形对折成直角三角形，然后把直角三角形等分，用剪刀把底部的三分之一剪去，即成"十"字形。

3）正确剪法：

（1）将方纸对折成三角形后，再对折两次；

（2）将折成的小三角形一正一反依着角平分线对折，使之成为一个 16 层的锐角三角形，最后依虚线处，一剪刀剪下，展开后便成美丽的八角形。

4）剪一刀。

5）正确剪法（如下图）：

（1）沿 AB、CD 线对折成长方形。

（2）再沿 A'B'、C'D' 线对折成正方形。

（3）沿正方形对角线对折成等腰直角三角形。

(4) 沿直角三角形斜边上的高对折成等腰直角三角形。

(5) 沿新直角三角形斜边上的高剪一下，便可完成。

123.答案：他们想出个信"驴"由缰的主意。于是，两个人坐在驴车上，只见那毛驴一路向西跑了约50千米路程。在陵海市某村径直拐进一农家村舍，二人向院内一看，逃跑的车老板正在院内，瞪大眼睛看着自家的毛驴，不知是惊是怒。

124.答案：只有一个猪八戒。

125.答案：4个朋友应该先是小飞，再下来是小红，接着是小兰，最后是小玲。

126.答案：因为开往郑州的车是4辆编组，而开往北京的车则是6辆编组。

127.答案：小黄推销的产品是手表。

128.答案：先给两名伤员做手术，然后把用过的一副手套反套在另一副上。这样"新手套"的里外面都是未曾感染的了。

129.答案：小红说："我只是把肉吃了，可你们连骨头都吃光了。"

130.答案：王科长只说了一句："你们看，大队长同学怎么样了？"因此，所有队员都集中目光去看大队长，王科长便马上认出谁是大队长了。

131.答案：点数的猪娃娃都没将自己数上，其实一个也不少。

132.答案：10只手有50个指头。

133.答案：小军送给小兵的礼物是一个足球。

134.答案：那个人是个盲人，在黑暗中照样能够应付，在雾中也一样。

135.答案：树上只有一个苹果，树上一只猴子都没有，猴子都在地上打起架来了。

136.答案：还有5个。

137.答案：灵灵先用右手画圆，再用左手画正方形，当然画得好了。

138.答案：这个窗户中一共有14个正方形。

139.答案：老板辞退的是陈叔叔，因为他需要的雇员是洪叔叔那样诚实的劳动者。

140.答案：原来，画家在墙上画了几条逼真的裂缝，买主看到墙上有几条裂缝，就不愿意买房子了。

141.答案：这个人是一个死人，这是一辆灵柩车。

142.答案：乌龟把头一缩，四肢和脑袋缩进龟壳里，就向山下滚去，又赢得了这次赛跑的胜利。

143.答案：越洗越脏的东西是水。如洗衣服时，水越是洗到最后越脏。

144.答案：9字去尾为0，6字去头是0，8字去一半仍是0，所以，这次打猎是一无所获。

145.答案：没有变化。因为空中飞翔的小鸟体重是空气支撑着的。

146.答案：包公叫人把两家的羊群一起赶来，把这只羊放开，这只羊跑到哪家的羊群中，羊就是哪家的。

147.答案：闭上右眼，只用左眼注视三角。

148.答案："三思（撕）而后行"，这个同学用行动说明他猜中了。

149.答案：警察和小孩的关系是母子关系。

150.答案：因为这些来自不同地方的人都是中国人而不是外国人，所以小张能够顺利地完成这次导游任务。

151.答案：一共有9只公兔，1只母兔，第九只是母兔。

152.答案：那位幸存者的职业是驾驶员，只是在此次交通事故中他是一名普通乘客。

153.答案：老者让他们交换坐骑，这样让自己的马晚到变成了让对方的马先到，所以两个皇子拼命地奔跑起来。

154.答案：小王的车牌号码是9317。

155.答案：以上要求的种法是5行，每行4棵树，按照通常的种法需要4×5=20棵才能完成。但目前只有10棵树，由此说明这10棵树还必须重复使用，也就是说这10棵只有共享使用才能满足要求。

树的排列是要求成行的，并且每行必须是直线形的，显然树所成的直线必须有交点才成完成。也就是说，每棵树都至少属于两条直线，要让树所成的直线两两相交。而最终所形成的图案可以是我们所经常见到的五角形状，也可成其他的形状。

在思考的过程中，只要想到5条直线两两相交，并且每条直线4个交点，同时交点不重复，每棵树参加共享就可以完成此游戏。

156.答案：这人说了一个"屁"字，意思是"放也由你，不放也由你。"屁当然是放了为好，所以官兵把他放了。

157.答案：营业员说："小姐，你母亲的款你还没付呢？"

158.答案：这一位学生画了一座城楼，城门口的战马刚露出半个头，一面"帅"字旗斜出。虽然没见一兵一卒，但千军万马可想而知了。

159.答案：朱朱说的是："让我尝一尝这条鱼，我就能知道这是一条什么鱼了。"

160.答案：心理学教授说："因为我的这本著作尚未出版。"

161.答案：张工程师用木板钉了一只长、宽、高均为1米的木箱，然后将钢坯斜角放进去，因为1米的立方体它的对角线超过1.7米。

162.答案：他看到的是一头被轧死的驴，怎么能不脸红呢？

163.答案：这叠纸的厚度将达到3 355.443 2米，有一座山那么高。

164.答案：佣人说："瓶子里有酒任何人都能喝，只有从空瓶子里喝出酒来，那才算是有本事啊！"

165.答案：田忌用自己的下等马对齐威王的上等马，这样就输一场，然后第二、三场比赛就用上等马、中等马对齐威王的中等马、下等马，这样就胜两场。

166.答案：小孩回答说："要看是多大的桶。如果桶和水池一般大，那就是一桶水。如果桶只有水池一半大，那就是两桶水……"

167.答案：小狗跑的路程是50米。最简单的计算办法是，在爸爸赶上明明之前的时间里，小狗一直在按相同的速度连续奔跑着，而爸爸与明明间的10米距离，每秒都缩短1米。所以，2人相遇是在10秒后。小狗的速度为5米/秒，它跑的路程就是50米。

168.答案：如果捉贼的不如贼跑得快，那肯定追不上，抓不住贼。因此，跑得慢的一定是贼。

169.答案：因为没要求绳子是直的，所以可以用风铃花围成一个圈。

170.答案：这位顾客最喜欢的是"黑色"。

171.答案：成绩按高抵排列为：乙、甲、丙、丁。若甲说得正确，那么其余3人说得都正确或至少两人说得不正确，不合题意。因此，甲说得不正确，其余说得正确。

172.答案："下雨天留客天留我不留。"加上标点后就是："下雨天，留客天，留我不？留。"

173.答案：小聪在瓶子里灌满了水，然后将水倒在一个量杯里，这就得出了非常准确的容积。

174.答案：如果小张说的是真话，那么小王说的也是真话，与条件不合，所以不可能是小黄做的好事。同样，小新也没说真话，否则小黄也说了真话，所以小张没做好事。如果是小新做的好事，那么小王与小黄说的都是真的，显然不对。唯一可能的，就是小王做了好事，而只有小黄说了真话。

175.答案：用这张10元的纸币遮住爸爸的眼睛，爸爸就看不见镜子了。

176.答案：一是农历月初的晚上，弯月的两头一定是向上"翘"的，说它像一只小船还差不多，绝不会像拱门；二是弯月之处的"缺"并不透明，不可能看到月球背面的星星，月球与地球之间又没有另外的星星存在，因此在弯月缺口处不会出现任何星星。

177.答案：E。这道题考查了大家的空间想象能力，其实只要拿出一个实物比对一下就知道了。

178.答案：他脱下鞋子，向一边往上使劲仍去，反作用力使他滑到了岸边。

179.答案：原来那牌子上写着："下田摘瓜，发款10元"。他把"罚款"写成了"发款。"

180.答案："1 111"是独一无二、"1 001"是始终如一。"1 111"是说学习几何没有捷径，必须始终如一地坚持刻苦学习，才能学有所成。

181.答案：把李叔叔的眼睛蒙起来再让他上树去摘椰子，或是等到夜晚让他再上树也行。

182.答案：3支箭中了10环，1支中了7环，还有1支射到靶子外去了。

183. 答案：

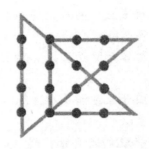

184. 答案：假设李文、袁春、张东说的都不是真话，那么李文不娶袁春，袁春也不嫁给张东，因此袁春嫁给王学。又因为张东不娶刘玉，所以就娶于花。剩下李文娶刘玉。

185. 答案：这次打针打在胳膊上，而不是屁股上。

186. 答案：公安局长是老人的女儿，老人是公安局长的爸爸。

187. 答案："小处不可随便"。

188. 答案：题中有 4 个"错误"。

189. 答案：3 个儿子，4 个鸡蛋。

190. 答案：该从第二个门进去。第一个门与第三个门上的话是矛盾的，因此其中必有一个是真的，这样第二个门上的话肯定就是假的，也就是说第二个门通厕所。

191. 答案：婆婆说的三五天是 $3×5=15$ 天，七八天是 $7+8=15$ 天，因此 3 个媳妇可同去同回。

192. 答案：威尔根本就无法跳，因为他在降落过程中人是悬浮的，无法使力。

193. 答案：保镖夜间值班做梦是失于职守，因此被解雇。

194. 答案：其实小牛什么办法也没用，因为小牛根本就没有被拴在树上。

195. 答案：为什么在气球里装满水就能够发出清晰的声音，其本质与声音的传播介质有关。人类能听到声音是因为我们周围的空气受到了声波的振动使声音能传到我们的耳中。在空气中有着很多的微细的分子，这些分子间又有一定的距离，水分子间的距离比空气分子小得多，所以传递声音振动更快、更清。这就是为什么装水的气球听到的声音更清晰了。

196. 答案：不是的。因为小狗留美时训练师讲的是英语，而用别的语言命令它，它就听不懂了。

197. 答案：小张让王刚做了一个长、宽、高各1米的大盒子，把宝剑斜放在里面就可以邮寄了。

198. 答案：原来是打字员把89打颠倒了。

199. 答案：大力士的办法是叫工人们在巨石前挖一个大坑，把巨石推入坑中填平即可。

200. 答案：松鼠扔的松果打在树上的黄蜂窝上，黄蜂一出动，人就赶紧逃走了。

201. 答案：因为马爷爷只能看到电话来时的灯光信号，却没法听清楚电话的内容。

202. 答案：因为米比爆米花重，所以只要拿着罐子使劲摇，米就会沉到下面去，而爆米花就会冒上来。这样就可以吃到爆米花了。

203. 答案：因为手表比闹钟快2分钟，即手表62分钟＝闹钟60分钟；因为闹钟比电台广播慢2分钟，即闹钟58分钟＝标准时间60分钟。手表62分钟≈标准时间62.069分钟，即手表比标准时间慢$60 - 62×58/60＝0.067$分钟，约4秒钟。所以，手表时间比标准时间慢一些。

204. 答案：先把瓶子里装满水，把鸡蛋装进去后再把水倒出来。

205. 答案：文文的妙法就在于他先沿着螺旋形切蛋糕，然后从上而下再来一刀。

206. 答案：原来员外和他的老婆打的标点不一样，员外是这样断句的："人才十分，丑陋全无，一双好脚。"而他老婆断的句是："人才十分丑陋，全无一双好脚。"

207. 答案：老人把自己的那头骆驼先算入富人的17头骆驼中去，就是18头。富人的大儿子得9头，二儿子得6头，三儿子得2头，共是17头。老人的那头仍旧是他自己的。

208. 答案：都没有吹牛，另一个的老师是个音乐教师。

209. 答案：第三句错了，因为星星不可能在月亮的弯儿里出现。

210.答案：出售铜牛的摊主。因为中国古人不知道有公元前这个词。

211.答案：木木的爸爸是医生，正在给别人做手术。

212.答案：鸡犬不宁、子丑寅卯。

213.答案：原来牛在反刍。

214.答案：
K
J A Q
J K J
K